You hold in your hands a
Great Secret...

_________________ 님께 드립니다.

청소년을 위한
시크릿
시간 관리편

청소년을 위한 시크릿

수 세기 동안 단 1%만이 알았던 시간 관리의 '비밀' | 시간 관리편 |

이 희 석 (한국청소년리더십센터 컨설턴트) 외 지음

살림Friends

현명한 시간 관리가
꿈을 이뤄 줍니다

하루 종일 소파 위에서 뒹구는 게으른 고양이처럼 시간을 보내는 사람들이 있습니다. 이들은 시간을 아까워하지 않으며 사는 것에 종종 지루함을 느낍니다. 게으른 고양이과에 속하는 사람들의 취미는 '시간 죽이기'이고, 특기는 '미루기'입니다. 이들은 무슨 일이든 시작하는 것을 늦추고 꾸물거립니다. 약속을 어기는 일도 잦아서 사람들로부터 신뢰를 잃기도 합니다. 또한 이들은 "나는 막판에 밀어붙이는 스타일이야.", "오늘까지는 쉬고 내일부터 할 거야.", "난 천성이 게을러. 우리 집안 내력이야."라고 말하고 다닙니다. 하지만 이러한 말은 진실이 아닙니다. 다만 자신의 게으른 성격을 부정하거나 합리화시키는 것에 불과합니다.

반면에 하루 종일 쳇바퀴를 돌리는 다람쥐처럼 항상 분주하게 사는 사람들이 있습니다. 부지런한 다람쥐과에 속하는 사람들은 열심히 움직이기는 하지만, 무엇을 위해서 행동하는지에 대해서는 고민하지 않습니다. 성실함은 좋은 것이지만 여기에는 반드시 현명함이 포함되어야 합니다. '현명한 성실'이란 인생에서 가장 중요하고 소중한 일을 깨닫고 그것을 위해서 열심히 노력하는 것을 말합니다.

하루 24시간이라는 물리적인 시간은 모든 일을 해내기에 부족할 수 있습니다. 하지만 꼭 해야 하는 일을 하기에는 충분한 시간입니다. 무조건 바쁘게 사는 것만이 시간 관리를 잘하는 것은 아닙니다. 시간 관리의 달인들은 반드시 해야 하는 일에 먼저 집중하고, 쉬어야 할 시간에 삶의 여유를 누립니다. 방향과 목적이 없는 성실은 자칫 분주함이 되기 쉽습니다. 그렇기 때문에 시간 관리를 잘하기 위해서는 비전을 찾는 것이 우선시되어야 합니다.

이 책은 비전을 찾지 못하고 게으름과 분주함 사이에서 방황하다가 마침내 시간 관리에 대한 중요성을 깨닫고 실천을 통해 삶의 도약을 이뤄 낸 사람들이 모여서 쓴 책입니다. 우리들 중에는 과거에 게으른 고양이과였던 사람, 혹은 분주한 다람쥐과였던 사람들이 있습니다. 우리는 모두 시간이 최고의 자원이라는 것, 하지만 반면에 가장 부족한 자원이라는 것을 깨달았습니다. 자신만의 비전을 발견한 우리는 점점 열정적인 사람들로 변화되었습니다. 에너지와 시간을 집중하여 놀라운 일들을 성취할 수 있는 비결이 계획 수립에 있음을 몸으로 체험했습니다. 시간 도둑을 제거하고 실행력을 높이면서 삶의 여유를 되찾았습니다. 이제 우리는 그 경험에서 얻은 시간 관리의 중요성과 노하우를 여러분들에게 알려 주려고 합니다.

본인이 하고 싶은 일을 하는 사람은 행복한 사람입니다. 성공은 자신이 좋아하는 일을 마음이 맞는 사람들과 함께 합리적인 방식으로 할 때 이룰 수 있습니다. 그런데 이렇게 행복을 얻고 성공을 이루는 비결은 모두 시간 관리에 있습니다. 여러분이 이 책을 통해서 놀라운 변화를 경험할 수 있기를 기대합니다.

여러분이 열다섯 살이든, 스무 살이든, 성공을 경험했든, 실패를 반복했든, 매일 아침 맞는 아침은 새로운 삶, 새로운 시도, 새로운 도전의 시작입니다. 날마다 새로운 시작으로 힘차게 하루를 맞이하고, 현명한 성실함으로 하루를 보람차게 마무리하기 위해서는 시간을 효과적으로 활용해야 합니다. 멋진 날들이 하루 이틀 쌓이기 시작하면 곧 꿈꾸던 인생 속에 있는 자신을 발견하게 될 것입니다. 여러분들이 멋진 꿈과 현명한 시간 관리를 통해 한 걸음 더 앞으로 나아간 인생을 살기를 바랍니다.

여러분들의 꿈을 응원하며

이희석

CONTENTS

PART 01
시간 관리에
승부를 걸어라
- 시간의 비밀

강연희 (한국청소년리더십센터 선임연구원)
능력이 빼어나며, 인격은 맑고 깨끗한 사람이 되고 싶어
'수아(秀雅)'라는 호를 쓴다. 교육은 사람을 변화시킨다
는 믿음으로 청소년 리더십 교육 분야에서 일하게 되었
다. 최근에는 사람의 내면을 더 많이 알고 이해하고 싶어
서 상담심리를 공부 중이다. 통일한국을 위해 젊은이들
과 함께 배우고 가르치는 삶을 살고 싶은 비전이 있다.

시간은
나를 비추는
거울이다

우리는 하루에도 몇 번씩 거울을 보며 내 모습이 어떤지를 살핍니다. 거울 속에 비친 모습이 단정하려면 평소 자기 관리를 깔끔하게 해야 합니다. 거울은 우리의 모습을 있는 그대로 비춰 주기 때문입니다.

시간도 마찬가지입니다. 시간은 개개인의 삶의 모습을 비춰 주는 거울과 같습니다. 겉으로 보이는 모습뿐 아니라 보이지 않는 깊은 내면의 상태까지 고스란히 나타냅니다. 그 사람이 어떤 사람이며, 무엇을 중요하게 생각하는 사람인지 알고 싶다면 그가 시간을 어떻게 보내는가를 살펴보면 됩니다. 여러분들은 대부분의 시간을 어떻게 사용합니까? 주어진 시간에 무엇을 하는가는 곧 우리가 어떤 사람인가를 말해 줍니다.

시간을 효과적으로 관리하는 데 있어 가장 중요한 핵심은 바로 '사람'입니다. 시간을 어떻게 관리하느냐 하는 방법론적인 것은 부차적입니다. 모든 사람에게 똑같이 주어지는 시간을 나만의 의미 있고 특별한 시간으로 만드는 주체는 바로 사람입니다.

사람은 마음가짐과 우선순위(가치)에 따라 움직이게 됩니다. 우리는 입으로는 공부가 제일 중요하다고 말하면서 실제로는 대부분의 시간을 게임이나 텔레비전 시청으로 허비하곤 합니다. 이것은 내심 '공부(미래를 위한 준비, 노력, 성실함)'보다는 '지금 이 순간을 즐겁게 해 주는 그 무엇(순간적인 재미, 쾌락, 즐거움)' 혹은 '내 마음과 몸을 편하게 하는 것(게으름, 육체적인 욕구, 편안함)'을 더 중요하게 생각하고 있음을 나타냅니다. 또한 부모님이나 학교 선생님의 강요, 주변 환경의 영향 등으로 공부가 중요하다고 생각은 하지만 실제로는 공부를 최우선으로 여기지 않는다는 증거입니다. 이렇듯 무심코 하는 작은 행동 하나에서도 사람은 '자신이 가장 좋아하고 중요하게 여기는 것(가치)'을 우선적으로 선택하고 행동하게 되어 있습니다.

시간 관리의 핵심

시간 관리를 잘한다는 것은 그 시간을 사용하는 주체인 사람이 스스로를 잘 관리하고 이를 바탕으로 인생을 잘 이끌어 감을 뜻합니다. 이는 우리 삶에서 무엇이 중요한지를 아는 지혜와 분별력, 실천으로 옮길 수 있는 결단력과 용기를 포함합니다. 더불어 삶의 목적을 이루고자 하는 의지의 표현입니다. 이 시간의 귀중함을 얼마나 인식하고 있습니까? 한 번뿐인 인생에서 가장 소중한 것이 무엇인지를 발견하고자 하는 간절함이 있습니까? 진정한 의미의 시간 관리는 행동으로 실천하고 성취하고자 마음으로 결단하는 데서 시작됩니다. 그럴 때 더 안락하고 편안하고픈 욕구들과 당당히 맞서 이겨 낼 수 있는 용기와 힘도 얻게 됩니다.

시간 관리에 대한 지식은 쉽게 얻을 수 있지만 이를 삶 속에서 실천하는 일은 오랜 시간과 수고를 필요로 합니다. 다른 사람이 도와줄 수는 있지만 나를 대신할 수는 없습니다. 알고 있는 바를 실천하고자 하는 의지가 없다면 이 책의 후반부에 나오는 시간 관리와 관련된 많은 내용은 우리 삶에 아무런 영향력을 발휘할 수 없습니다. 머릿속에 필요 없는 정보만 가득 채우게 될 뿐입니다. 스스로 마음을 다잡는 결단이 필요합니다. 우리에게 주어진 시간들을 후회 없이 보내겠다는 의지가 있어야 합니다. 소중한 꿈을 위해 기꺼이 시간을 알차게 사용하겠다는 다짐이 필요합니다. 그럴 때 이 책에서 말하는 성공적인 시관 관리법은 우리 삶에서 실제적인 변화를 이끌어 내는 데 큰 도움이 될 것입니다.

 ## 삶을 변화시키는 시간의 비밀 1

★ 시간은 내 삶을 비추는 거울입니다.

★ 시간 관리는 내면에서부터 출발합니다.

★ 시간 관리는 자신의 삶을 관리하는 일입니다.

★ 효과적인 시간 관리의 핵심은 지식이 아니라 실천입니다.

 ## 성공적인 삶을 위한 시간 관리 체크리스트 1

코치가 될 만한 사람들(선배나 선생님, 부모님)과 함께 다음의 질문들을 주제로 대화를 나누어 보십시오. 시간에 대해 새롭게 알게 되면서, 현재의 나의 모습을 발견할 수 있을 것입니다.

- 시간을 어떻게 사용하고 있습니까?
- 시간 관리를 통해 궁극적으로 무엇을 얻고 싶습니까?
- 삶에서 가장 소중하게 여기는 가치는 무엇입니까?
- 지금까지 살아오면서 시간 관리에 성공했던 적이 있습니까? 그때의 기분은 어땠습니까?
- 시간 관리를 성공적으로 실천했을 때 어떤 행동들이 목표를 이루는 데 도움을 주었습니까?
- 성공적인 시간 관리를 위해 주변에서 실제로 어떤 도움을 받기를 원합니까?

시간은
생명이다

　"시간은 금이다."라는 말이 있습니다. 예부터 사람들이 귀하게 여겼던 '금'에 시간을 비유한 속담입니다. 우리 삶에서 '시간'을 또 무엇에 비유할 수 있을까요?

　아침에 눈을 뜨면 특별히 노력하지 않아도 어제와 똑같은 24시간이 주어집니다. 지금 우리에게 주어진 시간은 다시 돌아오지 않을 특별한 순간입니다. 오늘 죽음을 맞이한 사람에게 내일은 없습니다. 새로운 하루가 주어졌다는 것은 살아 있다는 증거입니다. 머지않아 우리의 생명이 다하는 그날, 이 땅에서 우리에게 주어졌던 시간들도 끝이 나게 됩니다. 시간은 곧 '생명'입니다.

시간의 생명성

아직 호흡하며 살아 있다는 것은 세상에 존재해야 할 분명한 목적이 있다는 의미입니다. 또한 감당해야 할 역할이 있다는 뜻입니다.

삶의 목적이 무엇인지를 알고 이를 이루기 위해 최선을 다하는 사람은 매 순간 주어진 시간을 생명처럼 여깁니다. 게으름을 피우거나 무의미한 일에 시간을 낭비할 여력이 없습니다. 그에 비해 아무런 목적 없이 시간을 보내는 사람들에게 시간은 하루를 일정 단위로 구분 짓는 수치에 불과합니다. 시간의 소중함을 인식하지 못하는 사람들에게 시간은 '생명'이 아니라 일종의 '숫자'일 뿐입니다. 이들은 왜 시간을 아끼고 노력해야 하는지 그 이유를 알지 못합니다.

지금은 주어진 환경에서 비슷한 생활을 하는 듯이 보여도 목적의식이 분명한 사람과 그렇지 않은 사람의 삶은 시간이 흐를수록 확연한 차이를 보입니다.

우리의 역할은 시간의 생명성(生命性)을 회복하는 것입니다. '수치에 불과한 시간'을 '의미 있고 특별한 시간'으로 바꾸어 가는 작업이 필요합니다. 평범해 보이는 삶이라도 그 삶에 우리 스스로가 인생의 목적과 의미를 부여한다면 그 시간은 더 이상 날짜를 구분하기 위한 단위가 아닙니다.

주어진 시간을 우리 삶을 특별하게 만드는 데 사용하고 있습니까? 아니면 아무 생각 없이 생명 같은 시간을 허비하고 있습니까? 시간은 삶의 목적을 이루어 가는 생명입니까? 아니면 단순히 하루를 일정 단위로 구분 짓는 숫자에 불과합니까?

지금 이 순간 우리에게 주어진 시간은 생명임을 기억해야 합니다.

삶을 변화시키는 시간의 비밀 2

★ 생명이 있는 한 우리에게는 시간이 주어집니다. 시간은 생명입니다.

★ 우리의 삶에는 분명한 목적이 있습니다.

★ 삶의 목적이 있는 사람에게 시간은 생명과도 같습니다.

★ 삶의 목적이 없는 사람에게 시간은 단순히 하루를 일정 단위로 구분 짓는 수치에 불과합니다.

★ 우리의 역할은 삶을 '수치적인 시간'이 아닌 '생명 같은 시간'으로 바꾸어 가는 것입니다.

성공적인 삶을 위한 시간 관리 체크리스트 2

코치가 될 만한 사람들(선배나 선생님, 부모님)과 함께 다음의 질문들을 주제로 대화를 나누어 보십시오. 시간에 대한 새로운 인식과 현재의 나의 모습을 발견할 수 있을 것입니다.

- 옛 속담에 "시간은 금이다."라고 했는데 우리에게 시간은 무엇을 의미합니까? 그 이유는 무엇입니까?
- 살아 있는 동안 꼭 하고 싶은 일이 있습니까? 반드시 그 일을 이루고자 하는 이유는 무엇입니까?
- 아직 삶의 목적을 알지 못한다면 이를 발견하기 위해 어떤 노력을 할 수 있습니까?
- 주위에 삶의 목적이 분명한 사람이 있습니까? 있다면 그의 어떤 모습을 보고 그 사실을 알게 되었습니까?
- 목적의식이 분명한 사람을 보면 어떤 마음이 듭니까? 그런 사람들을 통해 배운 점은 무엇입니까?
- 내가 죽은 후에 어떤 사람으로 기억되길 원합니까?

시간은
땅에 뿌린
씨앗이다

지금 우리가 보내고 있는 시간은 땅에 뿌려진 씨앗과도 같습니다. 미처 의식하지 못한 사이 사용했던 시간들은 각기 다른 열매로 나타나게 됩니다.

3년, 5년, 10년 뒤에 어떤 열매를 거둘지 궁금하다면 지금 내가 무엇을 하고 있으며, 어떤 자세로 시간의 씨앗을 심고 있는가를 살펴보면 쉽게 추측할 수 있습니다.

노력의 씨앗, 게으름의 씨앗

꿈을 위해 부지런히 '노력'의 씨앗을 심고 있다면 반드시 '성공'이라는 열매를 거두게 될 것입니다. 반대로 현재 주어진 시간을 나태하게 보내면서 '게으름'의 씨앗을 뿌리고 있다면 반드시 '이루지 못한 아쉬움'이라는 열매를 맺게 될 것입니다. 공부뿐 아니라 친구와 가족관계, 건강 등 모든 면에서 마찬가지입니다. 각자 거두고 싶은 열매를 위해 지금의 삶에서 부지런히 뿌려야 할 씨앗이 무엇인지를 생각해 보아야 합니다. 지금 시간을 어떻게 보내느냐에 따라 우리가 미래에 거두게 될 열매가 결정되기 때문이지요.

청소년 시기는 시간이라는 씨앗을 뿌리는 단계입니다. 마음껏 꿈을 꾸고 무엇이든 소망할 수 있는 시기이지만 동시에 많은 수고를 요하는 시기입니다. 훗날 거두게 될 풍성한 열매를 기대하면서 현재에 할 수 있는 한 최선을 다해 씨앗을 뿌려야 하는 때입니다. 원하는 열매를 얻기 위한 노력은 고되고 힘든 일입니다. 단기간에 열매를 볼 수 있는 일이 아니므로 더욱 인내가 필요합니다. 이 시기의 중요성을 깨닫고 묵묵히 준비하는 사람은 미래를 내다볼 줄 아는 지혜로운 사람입니다. 수고한 만큼의 열매를 기쁘게 거둘 때가 분명 있습니다. 현재 우리가 어떤 씨앗을 심는가에 따라 미래에 거두게 될 열매가 결정됩니다.

삶을 변화시키는 시간의 비밀 3

★ 우리가 보내는 시간은 땅에 뿌려지는 씨앗입니다.

★ 지금 뿌린 그대로 미래에 열매를 맺습니다.

★ 청소년기는 인생의 씨를 뿌리는 중요한 단계입니다.

★ 씨를 뿌리는 일은 수고와 인내를 요하는 일입니다.

★ 지혜로운 사람은 씨를 뿌려야 할 시기의 중요성을 깨닫고 노력하는 사람입니다.

성공적인 삶을 위한 시간 관리 체크리스트 3

코치가 될 만한 사람들(선배나 선생님, 부모님)과 함께 다음의 질문들을 주제로 대화를
나누어 보십시오. 시간에 대한 새로운 인식과 현재의 나의 모습을 발견할 수 있을 것
입니다.

- 지금 씨앗을 뿌리고 있는 일은 어떤 일입니까? 이 일들이 다가올 미래에 어떤 열매
를 거두리라 생각하십니까?

- 미래에 어떤 열매를 거두기를 원합니까? 그 열매를 얻기 위해 지금 어떤 씨앗을 뿌
려야 합니까?

- 지난 시간을 되돌아볼 때 가장 후회스러웠던 경험은 무엇입니까? 그와 같은 결과를
낳게 된 원인은 무엇입니까?

- 미래를 위해서 지금 꼭 뿌려야 할 씨앗은 무엇입니까? 그를 위한 구체적인 방법으
로는 어떤 것이 있습니까?

- 자신이 원하는 씨앗을 뿌리는 데 가장 힘든 부분은 무엇입니까? 주변에서 어떻게
도와주길 원합니까?

시간은 추억이 담긴 사진첩이다

잠시 동안, 여러분이 지금 죽는다고 상상해 봅시다. 여러분의 마음을 가장 슬프고 안타깝게 하는 것은 무엇입니까? 이 질문에 대한 가장 많은 답변은 '사랑하는 사람들과의 더 많은 시간을 함께 보내지 못한 아쉬움'이었습니다.

빠르게 변하는 무한 경쟁의 시대를 살아가는 우리들의 삶은 바쁘기만 합니다. 우리는 남들보다 조금 더 앞서기 위해 시간을 쪼개어 치열하게 삽니다. 우리가 원하는 곳에 다다르면 모든 것을 얻게 될 것이라 기대하지만, 목표를 달성하고도 기대만큼의 만족감을 얻지 못한 경험도 해 보았을 것입니다. 때로는 얻는 것보다 잃는 것이 더 많음에도 불구하고 우리는 무엇을 잃어버리고 있는지조차 인식하지 못합니다.

여러분은 왜 그토록 열심히 공부하고 노력하십니까?

좋은 성적을 받아, 명문대학에 들어가는 일도 값진 일이지만 주변에 여러분과 함께하는 소중한 사람들과의 시간을 지키는 일도 값진 일입니다. 부모님은 언제까지나 같은 모습으로 여러분을 마냥 기다려 주지 않습니다. 지금은 곁에 있는 친한 친구들도 때가 되면 헤어지고 각자의 길을 향해 떠나게 됩니다. 나중에 후회해도 아무런 소용없습니다. 오늘은 나의 멋진 미래를 위해 준비해야 하는 시간이기도 하지만, 지금 나와 함께하는 이들과 아름다운 교제를 해야 하는 귀한 순간이기도 합니다. 여러분의 시간을 더욱 값지고 귀하게 만드는 것은 함께하는 사람들입니다.

여러분의 시간들을 주변의 사람들을 위해서도 기꺼이 내어 주길 바랍니다. 사랑하는 사람들을 기쁘게 하는 시간들을 최대한 많이 만들기를 바랍니다. 앞을 향해서만 달려갔던 나의 걸음을 멈추고 주변의 사람들을 함께 살펴보는 것은 다른 사람이 아닌 여러분 자신을 위해서도 유익한 일입니다.

가족들에게 따뜻한 한마디를 건넬 수 있는 마음, 주변에 함께 하는 친구들에 대한 작은 관심과 배려, 나를 위해 수고하고 애쓰시는 모든 분들께 사랑과 감사를 표현하는 법을 지금부터라도 배우고 훈련해야 합니다.

사랑하는 이들과 함께한 시간들은 인생이라는 사진첩을 멋지게 채워 줄 추억이 됩니다. 어느 순간 삶을 되돌아볼 때에 가슴 찡한 감동은 기쁨과 힘을 줍니다. 소중한 사람들과 추억이 가득한 삶은 이 세상의 어떤 부귀영화를 누린 사람과도 바꿀 수 없는 귀한 삶입니다.

더불어, 우리는 사람들과 함께하면서 서로 배우고 성장할 수 있는 장을 만들어 갑니다. 우리는 나와는 다른 여러 사람들과의 관계를 통해 자라게 됩니다. 자신의 부족한 내면을 다듬어 가기도 하고, 다른 사람을 이해하고 수용할 수도 있게 됩니다. 서로 간에 영향을 주고받으며 더 성숙한 사람으로 성장합니다.

소중한 사람들과 함께하는 시간을 더 열심히 만들어 가시길 바랍니다. 바로 그것이 여러분 인생의 시간을 추억과 성장으로 채워 가는 비결입니다.

 ## 삶을 변화시키는 시간의 비밀 4

★ 곁에서 함께하는 사랑하는 사람들은 우리 삶을 이끌어 가는 원동력입니다.

★ 분주한 삶 속에서도 기꺼이 주변의 사람을 돌아볼 수 있는 마음을 가져야 합니다.

★ 사랑하는 사람들과의 시간은 우리의 시간을 더욱 빛나게 합니다.

★ 사랑하는 사람들과 행복한 추억의 사진들을 가득 채우는 삶이 후회 없는 인생입니다.

★ 행복한 시간의 추억들은 여러분 인생에 큰 힘이 됩니다.

★ 함께하는 시간을 통해 우리는 서로 배우며 성장합니다.

 ## 성공적인 삶을 위한 시간 관리 체크리스트 4

코치가 될 만한 사람들(선배나 선생님, 부모님)과 함께 다음의 질문들을 주제로 대화를 나누어 보십시오. 시간에 대한 새로운 인식과 현재의 나의 모습을 발견할 수 있을 것입니다.

• 열심히 공부해서 무언가를 이루려고 노력하는 이유는 무엇입니까?

• 지금 죽게 된다면 가장 아쉬움이 남는 것은 무엇입니까?

• 지금 나에게 가장 소중한 사람들은 누구입니까?

• 최근 들어 소중한 사람들을 위해 시간을 내어 작은 행동이라도 한 적이 있습니까?

• 지금 주변의 사람들을 돌아보지 못하는 가장 큰 원인은 무엇인가요?

• 가족이나 친구에게서 배울 점은 무엇입니까?

• 기억에 남는 가장 따뜻하고 행복한 추억은 무엇입니까?

• 행복한 추억을 떠올릴 때 어떤 느낌이 듭니까?

• 앞으로 소중한 사람들과의 행복한 추억을 만들기 위해서 지금 어떤 노력을 할 수 있습니까?

- 여러분이 영향을 주거나 받는 사람들은 누구입니까?
- 지금 여러분을 가장 많이 성장하게 한 사람은 누구입니까?
  그중 어떤 면이 여러분에게 도전을 주었습니까?

대전대학교 간호학과 1학년 이수진

이수진 학생은 올해 대전대학교 한의과 대학 간호학과에 입학해서 새내기 대학생으로 바쁜 나날을 보내고 있습니다. 학교 수업 외에도 밤이면 야학 교사로 봉사하고 있고, 학교 행사나 각종 교육 프로그램에 적극적으로 참가하며, 의료봉사 동아리 활동도 하고 있습니다. 자신의 꿈과 적성에 맞는 학과에 입학해서 만족스러운 생활을 하고 있는 이수진 학생의 고등학교 시절 시간 관리에 대한 이야기를 들어 보겠습니다.

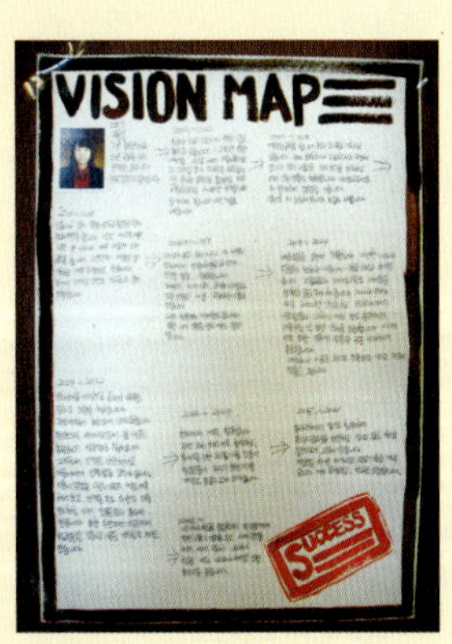

이수진 학생의 비전맵,
〈희생적 인류애를 갖춘 봉사자〉

장기 계획을 세워 꿈을 실현하는 일에 한 발짝 다가서다

장기적으로 볼 때 저 같은 경우는 시간 관리가 특히 더 중요하다고 생각합니다. 이루고 싶은 꿈도 많고 다양한 경험을 하는 일에 욕심이 많기 때문입니다.

나는 우선 대학교에 입학하기 전에 입학 후, 10년을 내다보는 장기 계획을 세워 보았습니다. 이를 위해 선생님과 선배님, 부모님과 같은 주변 사람들의 도움을 받기도 했습니다. 대학에서 무엇을 전공할 것인지, 전공 과목과 부전공 과목, 대학원 전공 학과까지 대략적인 큰 틀을 만든 후 중간 중간 이루고자 하는 일들을 세부적으로 계획한 것입니다. 그중에는 WHO, UN과 같은 국제기구의 인턴 활동, 미술치료 교육 자격증 따기, TOEFL 시험에서 좋은 점수받기, 4년간의 대학 생활 중 두 번 이상 해외 봉사활동 떠나기 등과 같은 계획도 있습니다. 대부분의 학생들은 대학 생활을 자유롭게 놀 수 있는 시간으로 생각하지만 저는 대학에서의 공부가 진정한 공부의 시작이라고 생각합니다.

대학원을 나와서 본격적으로 사회생활을 하기까지 어떤 과정을 거치게 되는지 자세한 정보를 얻게 되면 장기 계획은 점점 구체화될 것이라고 생각합니다.

많은 어른들이 '젊은 날'을 그리워하며 되돌아가고 싶어 합니다. 그러나 나는 구체적인 시간 관리를 통해 15년 후 지난 시간들을 돌이켜 보며 스스로 '정말 열심히 했구나' 하며 칭찬해 주고 싶습니다.

계획과 메모를 생활화하여 실행력을 높이다

시간 관리를 위해 나름대로 책상 달력을 이용했습니다. 데일리 달력은 자세하게 메모할 수 있는 장점이 있긴 하지만 한 달이나 1년간의 총체적인 계획을 적거나 체크하기에는 부족한 점이 있었습니다. 혼자 공부하면서 다른 수험생들에게 뒤처지지 않으려고 책상 달력 위쪽에 그 달의 목표를 적거나 주요 할 일을 적었습니다.

그리고 매일매일 그날 할 일을 상세히 적었습니다. 플래너를 달력에다 적용시키는 겁니다. 칸이 모자랄 때는 포스트잇을 사용하기도 하고, 그것도 모자랄 때는 하나씩 뜯어 쓰는 체크리스트 메모지를 이용했습니다.

나는 항상 체크리스트 메모지를 휴대하고 다닙니다. 문득 떠오르는 일이나 오늘 해야 할 일 등을 놓치지 않기 위해서입니다. 아무리 잘 세운 계획이더라도 지키지 않으면 무용지물이라는 생각에 메모지를 가방에 넣어 다니며 메모하면서 그날 일정을 실천해 나갔습니다. 선생님께 해야 할 질문이나 사야 할 책 등이 있다면 이를 잊지 않기 위해 적어 놓았습니다. 또한 예쁜 스티커로 그날의 기분을 표시하기도 하고 좋은 글귀를 적어 놓는 등 부수적인 활동으로 시간 관리에 대한 흥미를 이어 가려고 했습니다.

시간 관리에 있어서 가장 중요한 '끈기'는 이러한 의지만으로 되는 것은 아닙니다. 따라서 지속적으로 흥미를 가지고 시간 관리를 할 수 있도록 친구들과 함께 시간 계획표를 작성하며 서로 평가해 주는 식의 공동 작업도 중요하다고 생각합니다.

솔직한 감정 메모로 스스로를 컨트롤하다

내가 고안해 낸 감정 메모는 나를 내적으로 성숙하게 하는 큰 역할을 했습니다. 감정 메모란 나의 즉흥적인 감정들을 메모와 간단한 그림으로 적어 놓는 것입니다. 이런 감정 메모를 만들게 된 것은 엄마의 잔

소리 때문입니다. 외동딸인 나는 엄마에게 꾸중을 듣고 나면 하소연할 수 있는 형제가 없어서, 제 감정을 글로 표현하기 시작한 것입니다.

어릴 때부터 아무 종이에나 마구 적어 놓은 이러한 감정들을 어느 날부터인가는 작은 공책에 체계적으로 기록해 나가기 시작했습니다. 이것이 감정 메모입니다. 감정 메모는 일기와는 다릅니다. 일기가 매일 한 번씩 쓰는 것이라면 감정 메모는 감정에 기복이 생겼을 때 적는 것입니다. 그러므로 하루에 열 번을 적을 수도 있고, 일주일 내내 한 번도 적지 않을 수도 있습니다. 어떤 날에는 '야호' 두 글자만 적을 때도 있고, 할 말이 많은 날에는 한 장 가득 빽빽이 적을 때도 있습니다.

감정 메모에는 자신의 감정을 그야말로 솔직하게 적어야 합니다. 이렇게 자신의 감정을 솔직하고 구체적으로 적은 메모들은 여러 가지 긍정적인 효과를 가져옵니다. 신이 나서 지나치게 들떠 있는 날에는 감정 메모를 통해 차분하게 스스로를 조절할 수 있었습니다. 화가 많이 나고 우울한 날에는 감정 메모를 통해 객관적으로 나를 바라보고 상황 판단을 할 수 있었습니다. 간혹 어떤 문제에 부딪혀 고민할 때에도 감정 메모에 나의 감정을 정리하면 스스로 문제를 해결하려는 노력을 하게 됩니다.

　감정 메모는 스스로를 컨트롤하고 내면을 성숙시키는 데 큰 도움을 줍니다. 시간이 흐른 뒤 다시 보면 앞으로의 삶에 대한 지침서가 되기도 합니다.

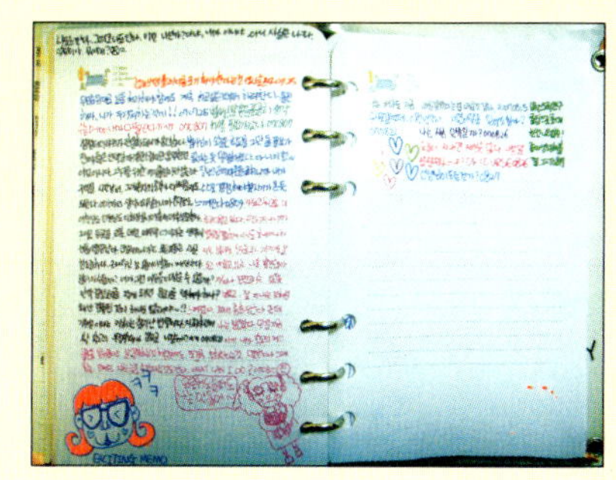

이수진 학생의 〈감정 메모〉

안상열 (한국청소년리더십센터 전문위원)
20대에 방황하며 어울리지 않는 고시 공부를 했다. 고시 실패 후 리너십 교육을 받으며 가슴 뛰게 하는 일을 찾았고 지금까지 600여 회의 강연을 통해 20만 명 이상의 학생들을 만났다. 청소년과 청년들이 진정한 삶의 의미를 찾아 행복하게 살 수 있도록 돕고 있다. 리더십대학을 설립하는 꿈을 실현시키기 위해 노력 중이다.

PART 02
비전 날개를 달고
힘차게 비상하라
- 비전의 비밀

이희석 (한국청소년리더십센터 전문위원)

1998년, 강사가 되고 싶다는 꿈을 품었다. 작가로 살고 싶기도 했다. 2009년까지 500여 회의 강연을 했고, 한 권의 책을 썼으니 꿈을 이뤄가는 중이다. 자기 소원대로 사는 것은 예술과도 같은 일이라 믿으며 하루를 아름답게 사는 비결을 연구하는 와우팀의 팀장으로 있다.

비전,
시간 관리의
궁극적인 목적

- 다음 주가 시험인데요, 성적을 쉽게 올리는 시간 관리 비법 없나요?

- 학교와 학원을 다녀온 후에는 집에서 뭘 해야 할지 모르겠어요.

- 조금만, 조금만, 그러다가 하루 종일 컴퓨터를 하고 나면 정말이지

  너무 허무해요.

- 시간이 많아서 문제집을 샀는데 어느 것부터 해야 할지 모르겠어요.

많은 학생들이 시간 관리를 잘 못한다고 하소연합니다. 포털

사이트 네이버 '지식 in'에서 '시간 관리'를 검색하면 시간 관리에 어려움을 겪는 수많은 학생들을 만날 수 있습니다. 이들을 대하는 순간만큼은 나만 시간 관리를 못하는 게 아니구나 싶어 잠시 안심할 수 있겠지만 거기에 안주해서는 안 됩니다. 힘차게 도약할 준비를 해야 합니다.

시간 관리를 잘 못해 어려움을 느끼거나 자신의 시간 관리에 문제가 있다고 생각한 적이 있습니까? 그렇다면 그것은 도리어 희망적인 일입니다. 문제가 있는 곳에 발전 가능성이 있고, 비전이 있기 때문입니다. 문제 자체가 비전이라는 이야기가 아닙니다. 문제에 대한 해결 방법에 비전이 있다는 것입니다. 진짜 문제는 자신에게 어떤 문제가 있는지도 모르는 것입니다. 학교생활을 하다가 자신에게 어떤 문제가 있다고 느껴질 때에도 절망할 필요가 없습니다. 문제를 인식했다면 이미 해결을 위한 첫걸음을 내딛은 것입니다.

천하의 못된 말, 소일(消日)

　많은 사람들이 시간의 소중함을 모르며 살아갑니다. 진짜 문제가 있는 사람들은 바로 이들입니다. 이들은 오늘 하루가 얼마나 소중한지를 모르고 주어진 일이 힘들다며 불평합니다. 하루가 모여 일주일이 되고, 일주일이 모여 한 달, 1년이 됩니다. 하루는 또 하나의 '작은 인생' 입니다. 오늘을 잘 보내는 사람이 아름다운 인생을 살아갑니다. 인생의 귀중한 가치를 뒤늦게 깨닫는 사람들에게는 반드시 후회가 찾아듭니다. 우리가 배워야 할 가치는 바로 "시간은 귀하다."는 것입니다. 평범한 말이지만 깊이 깨달으면 인생의 귀중한 교훈을 얻을 수 있습니다.

　누구나 시간이 귀하다고 말합니다. 그러나 입으로는 그렇게 말하면서도 시간의 소중함을 모르는 사람들처럼 시간을 낭비합니다. 말하는 것만으로 삶을 바꿀 수 있다면 모든 사람들이 성공에 이를 것입니다. 방 안에 앉아 호령하는 것만으로 세상을 움직일 수 있다면 자신의 모든 것을 바쳐 위대한 일들을 이뤄 낸 역사의 위인들이 무색해할 것입니다.

우리는 시간의 소중함을 삶으로 실천하는 사람이 되어야 합니다. 이를 몸소 실천한 사람들이 있습니다. 우리는 이들을 본받아야 할 것입니다.

다산 정약용 선생님은 시간의 소중함을 깨닫고 철저하게 시간을 아끼신 분입니다. 그분은 '소일(消日)'이라는 단어를 천하에 아무 쓸모없는 단어라 하셨습니다. 이 말은 하는 일 없이 세월을 보낸다는 뜻입니다. 다음은 『도산사숙록(陶山私淑錄)』에 나오는 다산 선생님의 말씀입니다.

천하에 가르쳐서는 안 되는 두 글자의 못된 말이 있다. 소일(消日)이 그것이다. 아, 일을 하는 사람의 입장에서 말하자면 1년 365일, 1일 96각을 이어 대기에도 부족할 것이다. 농부는 새벽부터 밤까지 부지런히 애쓴다. 만일 해를 달아맬 수만 있다면 반드시 끈으로 묶어 당기려 들 것이다. 저 사람은 대체 어떤 사람이기에 날을 없애 버리지 못해 근심과 걱정을 하며 장기바둑과 공차기 놀이 등 하지 않는 일이 없단 말인가?

다산 정약용 선생님은 조선의 10대 학자로 꼽힐 만큼 높은 학식을 이룬 분입니다. 시간을 소중히 여겨 삶으로 실천한 다산 선생님을 본받아 단 하루의 시간도 소일하지 말아야 합니다. 나는 20대 초반에 인생의 교훈을 담은 책을 읽다가 이런 구절에 빨간 줄을 그은 적이 있습니다.

"내가 오직 한 가지를 후회하고 있고 앞으로도 후회하리라 생각되는 것은 젊었을 때 나태하게 지내 버린 시간이다."

필립 체스터필드(Philip Chesterfield)의 말입니다. 그리고 책 여백에 다음과 같이 적었습니다.

나에게 나태하게 보낼 시간은 1분도 없다. 차라리 신나게 놀아라. 쓰레기 더미 위에 누워라. 멍청하게 있는 시간만큼 자유는 내게서 멀어진다.

시간을 소중히 보낸 덕분에 많은 책을 읽을 수 있었고, 인생을 의미 있는 일들로 채울 수 있었습니다. 책을 출간한 것도, 강연을 할 수 있었던 것도 모두 시간을 잘 관리했던 것과 떼어 놓고 설명할 수 없습니다. 시간 관리에 관심을 가지면서부터 인생의 도약이 시작되었습니다.

가슴을 뛰게 하는 불꽃 같은 비전

내가 시간 관리를 본격적으로 하기 시작한 것은 20대 초반이었습니다. 빨리 깨닫는 사람들이 더욱 행복한 인생을 살아갑니다. 10대 시절부터 자신의 삶을 사랑하며, 시간을 아끼고 의미 있게 활용할 줄 안다면 인생의 기초를 튼튼히 다질 수 있습니다.

시간 관리를 하면서 가장 먼저 시도한 것은 '일찍 일어나기'였습니다. 아침 해가 세상을 깨우기 전에 하루를 먼저 시작하는 것은 즐거운 일입니다. 상쾌한 기분으로 아침을 시작하면 하루 종일 가슴 벅찬 에너지로 살아갈 수 있습니다. 무조건 일찍 일어나라고 조언하려는 것은 아닙니다. 10대는 아침잠이 많은 시기입니다. 학원을 다녀오면 이미 밤이 늦은 시각일 것입니다. 대개는 하루 동안 열심히 공부하느라(혹은 노느라) 피곤하여 쓰러지듯

잠이 들 것입니다.

그런 여러분의 상황을 모른 채 무조건 잠을 줄이라고 말하고 싶지는 않습니다. 시간 관리를 제대로 해 보자고 마음먹었던 나 역시도 아침 시간을 밀도 높게 보내지는 못했습니다. 일찍 일어나긴 했지만 '이 시간에 무엇을 하지?'라는 고민이 들었기 때문입니다. 그런데 일찍 일어나는 것보다 더 중요한 일이 있음을 깨달았습니다. 그것은 일찍 일어나야 할 이유를 갖는 것입니다. 아침에 일어나 하고 싶은 일이 없다면 일찍 일어나도 "내가 왜 일찍 일어났지?" 하며 시간을 헛되이 낭비할 수 있습니다. 시간 관리에 대한 최고의 처방은 "이제 일찍 일어나야지!" 혹은 "이제 부지런해져야지!"라는 다짐이 아니라 자기 내면의 '불꽃'을 발견하는 것입니다.

"무엇이 여러분의 가슴을 뛰게 합니까?"

『지도 밖으로 행군하라』의 저자 한비야의 질문에 대한 답변은 바로 불꽃입니다. 과학자 아인슈타인은 "나는 내 인생의 비전을 발견한 이후로는 단 하루도 지루한 날이 없었다."고 했습니다.

삶을 흥미로운 일로 가득 채워 주는 것도 불꽃입니다. 불꽃이란 가슴을 뛰게 하는 비전을 말합니다. 시간 관리에서 자투리 시간을 잘 활용하거나 미루는 습관을 극복하는 것보다 훨씬 중요한 것은 바로 비전을 발견하는 것입니다. 효과적으로 시간 관리를 하고자 하는 이유도 자신이 원하는 삶을 살기 위함입니다. 스스로를 전율시키는 비전을 품은 사람은 다른 사람을 전율시키는 인생을 살아갑니다. 비전을 발견하는 것은 효과적인 시간 관리를 위한 최고의 준비입니다.

비전은 '내가 원하는 마음의 그림' 이다

새벽 5시.

시계도, 아내도 나를 깨우지 않지만 새벽 기운에 나는 눈을 뜬다. 겨울이라 창밖은 아직 어둠이 깔려 있지만 내 마음속에는 이미 오늘의 여명이 찾아든다. 침대에 앉아 힘껏 박수를 치며 스스로에게 말한다.

"하나님, 오늘도 멋진 하루를 주셔서 감사합니다. 오늘도 지갑 속에 24만 원을 넣어 주셔서 감사합니다."

물을 끓여 녹차 잎이 든 찻잔에 따른다. 잔을 들고 서재로 향한다.

서재에서 나는 책과 함께 명상을 하고 글을 쓰며 두 시간여를 보낸
다. 어느새 깨어난 아내가 간단한 아침 식사를 준비해 두었다. 7시에
식사를 하고, 아내 볼에 입 맞추고 출근!
오늘은 강연이 있는 날이다. 90분 동안의 강연 시간에 열정과 사랑
을 전하면서 행복해한다. 오후에는 친구를 만나 삶에 쉼표 하나를 찍
어 삶의 여백을 만든다. 친구와 함께 더 많이 웃고 노래하고 춤춘다.

이 글은 20대 초반이었을 때 10년 후를 상상하며 미래의 하루
에 대한 비전을 적은 것입니다. 미래의 어느 평범한 날을 상상하
며 묘사한 것이고, 이 하루에 직업과 삶의 모습을 담았습니다. 내
가 꿈꾸는 삶의 모습이었습니다.

나는 '행복 유통업자' 가 되어 내 곁에 있는 사람들에게 행복
을 전하고 싶었습니다. 그리고 내 안의 행복을 발견하여 한껏 누
리고 싶었습니다. 사람들이 그들 안에 내재된 행복을 발견할 수
있도록 도와주고 싶었습니다. 행복은 명예, 학위, 돈에 있지 않다
는 것을 강연으로, 혹은 토론으로 전하기를 꿈꾸었습니다. 그들

의 슬픔과 기쁨을 함께하고, 몇 권의 책을 쓰고 싶었습니다. 10년 전 내가 가졌던 비전은 꿈을 전하는 강사, 삶의 지혜를 나누는 작가가 되는 것이었습니다.

내가 10년 전에 꿈꾸었던 비전은 모두 이루어졌습니다. 독립적으로 일하면서도 원하는 수준의 수입이 있고, 1년에 서너 번은 자유롭게 여행을 떠납니다. 강연하는 것이 나의 직업이 되었고, 얼마 전 첫 번째 책도 출간했습니다. 앞으로도 꾸준히 생각의 지평을 넓히고 깊이를 더해 간다면 삶에 대한 만족감은 더욱 커지리라 믿습니다.

비전 찾기 여행에 꼭 필요한 준비물

지금의 하루가 10여 년 전에 미래를 상상하며 썼던 글과 참으로 많이 닮아 있음을 보면서 스스로도 놀라곤 합니다. 독자들은 이 글을 쓰는 내가 원래부터 재능을 타고난 사람이라고 생각할 수 있겠지만 결코 그렇지 않습니다. 10대 시절 나의 학교 성적은 중간 정도였고 일부 과목은 낙제를 받을 만큼 부진했습니다. 나는 주의가 산만한 학생이었고 특히 영어, 수학 등 주요 과목의 기초 실력은 형편없었습니다.

비록 학교 성적은 자랑할 만한 것이 못 되었지만 나에게도 어떤 재능이 있을 것이라는 생각이 들었습니다. 이런 생각은 몇 권의 책을 읽으면서 두 가지 깨달음으로 발전했습니다. 모든 사람은 고유한 삶의 목적을 가지고 태어난다는 것과 모든 사람은 이미 그 목적을 달성할 재능을 소유하고 있다는 것입니다. 누구도 예외는 없습니다.

나는 점점 인간의 다양성과 독립성에 매료되기 시작했습니다. 공부를 잘하지 못하고, 친구들과 잘 어울리지 못하는 학생들도 자신이 흥미를 가지고 있는 분야에 대한 이야기를 꺼낼 때에는 얼굴에 생기가 돌고 눈이 반짝입니다. 그의 독립성이 빛나는 순간이고 이때 그는 매력적인 사람이 됩니다. 누구나 자신을 매력적으로 만드는 데 재능과 흥미를 가지고 있고, 재능과 흥미는 사람마다 다릅니다. 이것이 바로 인간의 다양성입니다. 우리 모두는 자기 재능으로 스스로 일어설 수 있습니다. 우리 모두는 자신만의 매력을 가지고 있습니다.

인간의 다양성과 독립성을 깨닫는 것은 비전을 찾기 위한 여행을 떠나기 위해 필요한 일종의 준비물이라 할 수 있습니다. 두 가지의 중요한 진리를 꼭 기억하시기 바랍니다. 첫째, 우리는 모두 자신만의 고유한 삶의 목적을 가지고 태어난다는 것입니다. 둘째는 우리 모두가 이미 자기 삶의 목적을 달성할 재능을 소유하고 있다는 것입니다.

비전은 미래를 상상하는 힘

그렇다면 비전이란 무엇일까요? 월트 디즈니의 다음과 같은 일화는 비전이 무엇인지 잘 설명해 주고 있습니다.

디즈니랜드의 창업자인 월트 디즈니는 비전이 무엇인지를 삶으로 보여 준 사람입니다. 드디어 디즈니랜드의 역사적인 개장 기념식이 열리던 날, 디즈니 여사만 행사 무대에 걸어 올라왔습니다. 어디에도 월트 디즈니는 보이지 않았습니다. 그는 이미 폐암으로 세상을 떠났기 때문입니다. 미망인이 연단에서 소개되어 청중들에게 인사를 했을 때 행사 주최자가 이렇게 말했습니다.

"디즈니 여사님, 월트 씨도 이 행사를 보았으면 좋았을 텐데요."

위로의 말에 디즈니 여사는 간단히 대답했습니다.

"그분은 이미 보셨답니다."

모든 것은 두 번 창조됩니다. 첫 번째 창조는 마음속으로 비전을 품는 것이고, 두 번째 창조는 현실 속에서 그 비전을 실현하는 것입니다. 월트 디즈니는 세상의 모든 어린이들이 희망을 잃지 않기를 바랐습니다. 어려운 환경에 처한 어린이들도 새로운 가능성과 꿈을 가지기를 원했습니다. 그의 비전은 자신이 만든 꿈의 동산에서 많은 어린이들이 행복해하는 모습을 보는 것이었습니다. 월트 디즈니는 비록 자신의 두 눈으로 직접 보지는 못했지만 마음속의 비전을 통해 생생히 그 장면을 보았던 것입니다.

비전은 자신이 꿈꾸는 미래에 대한 그림입니다. 비전은 미래의 자기 모습을 상상하여 선명하게 그려 볼 수 있는 능력입니다.

결국 비전은 보이지 않는 자신의 미래를 보는 기술입니다.

나는 종종 상상력을 발휘해 미래를 그려 보곤 합니다. 상상력은 모든 사람들이 소유한 천부적인 능력입니다. 누구나 마음만 먹으면 사용할 수 있는 능력입니다. 하루를 시작하기 위해서는 잠에서 깨어나 눈을 뜨면 되듯이 상상력을 발휘하기 위해서는 그저 눈을 감고 자신의 미래를 떠올리면 됩니다. 상상력은 지식만큼이나, 때로는 그 이상으로 우리의 인생에 좋은 열매를 가져다 줍니다. 비전은 우리에게 열정과 에너지를 불어넣어 줍니다.

누가 비전을 품었는지는 쉽게 알 수 있습니다. 비전을 품은 사람들은 달려갈 푯대가 있기에 힘차게 전진하며, 부를 노래가 있기에 휘파람을 부릅니다. 흔들 깃발이 있기에 춤을 추듯 달려갑니다. 지금 당장 비전을 품으십시오. 하늘을 날겠다는 비전을!

헬렌 켈러는 이렇게 말했습니다.

"하늘을 날고 싶다는 충동이 느껴지는 순간 누가 느릿느릿 걸어가고만 싶겠는가?"

원대한 비전을 품으면 대담하게 행동할 수 있습니다. 비전이라는 화려한 비상은 언제나 위대한 비전에서 시작됩니다. 힘든 시절을 보내던 흑인 꼬마도 비전을 품었습니다.

하버드 대학으로 떠나면서 공부를 마치면 꼭 돌아오겠다던 아버지의 약속은 지켜지지 못했습니다. 아버지는 아내와 아이보다는 조국을 선택했습니다. 케냐 출신의 아버지는 아프리카의 미래를 이끌어 갈 리더가 되고 싶었던 것입니다. 아이는 겨우 두 살이었습니다. 시간이 흘러 어머니는 인도네시아 인과 재혼했습니다. 흑인 꼬마에게 새아버지가 생긴 순간입니다. 새아버지는 좋은 사람이었지만 부와 권력을 가지게 되면서 순수함을 잃어 갔습니다. 어려운 환경이었지만 어머니는 아이가 잘 자랄 수 있도록 좋은 도덕 가치와 사람들의 선량함에 대하여 가르쳤습니다.

흑인 꼬마는 초등학교 3학년 때 꿈에 대한 글짓기에서 다음과 같이 적었습니다.

"대통령이 되고 싶다. 어느 나라의 대통령이 될지는 모르겠지만 모두를 행복하게 만들고 싶다. 약한 사람과 강한 사람, 가난한 사람과 부유한 사람, 그리고 피부색에 상관없이 모두 잘 어울려 살아가는 세상을 만들고 싶다."

그로부터 40년 후 흑인 꼬마는 미국의 제44대 대통령이 되었습니다. 그는 바로 미국 역사상 최초의 흑인 대통령, 버락 오바마입니다. 오바마가 취임식을 한 2009년 1월 20일은 링컨 탄생 200주년 기념일이기도 했습니다. 오바마는 이제 세계 청소년들의 롤 모델이 되었습니다.

가슴속에 비전을 품는 순간 우리는 새롭고 멋진 곳을 향해 움직이기 시작합니다. 가슴 뛰는 비전을 품으면 자명종이 없어도 새벽을 깨울 수 있습니다. 비전을 지닌 사람들은 일찍 일어나 무엇을 해야 할지 몰라 멍하니 있는 일이 없습니다. 비전은 오늘 나로 하여금 무언가를 하도록 만들기 때문입니다. 갈 길을 알지 못하는 사람은 주어진 시간을 방황하며 헛되이 보냅니다. 그러나 갈 길을 아는 사람은 힘차게 전진합니다. 자신에게 가장 적합한 속도로 목적한 방향을 향해 전진합니다.

진짜 비전과 가짜 비전을 구분하라

- 독서실을 다녀야 할지 말아야 할지 가르쳐 주세요.

- 여섯 권의 문제집을 샀습니다. 어떤 것부터 풀어야 할까요?

인터넷에서 발견한 학생들의 질문입니다. 첫 번째 질문에 제대로 된 답을 얻으려면 자신의 학습 성향을 정확히 파악하고 있어야 합니다. 어느 과목의 어느 부분을 보완해야 하는지를 알면 두 번째 질문에도 답할 수 있습니다. 나를 잘 아는 친구나 어른들의 조언이 효과적일 때도 있지만 무엇보다 중요한 것은 자신에게 맞는 학습 전략을 스스로 짜는 것입니다.

성인이 되어서도 마찬가지입니다. 자신에게 어떠한 지식이 필요한지를 알고, 그에 대하여 지속적으로 학습하는 것은 21세기 지성인의 중요한 능력입니다. 평생 학습 능력을 지닌 사람이 앞으로 자기 분야에서 리더가 될 것입니다. 학창 시절부터 스스로 문제집을 고르고, 자신의 장단점을 파악하여 공부 계획을 세우는 습관을 들인다면 평생 승리할 수 있습니다.

이런 차원에서 본다면 좋은 선생님은 모든 부분에서 해답을 제시하는 사람이 아니라 스스로 해답을 찾아가도록 인도해 주는 사람입니다.

이는 비전과 별개의 이야기가 아닙니다. 비전이 무엇이냐는 문제와 더불어 또 한 가지 중요한 것은 무엇이 비전이 아니냐는 것입니다. 이것 역시 비전의 정의만큼이나 중요한 문제입니다. 무엇이 비전이 아닌지를 알면 비전을 찾아내기가 더 쉬워집니다.

진짜 비전, 가짜 비전

비전은 자기 주도하에 결정되는 것입니다. 주위 사람들의 기대나 시대의 요청에 의해 정해진 비전은 진짜 비전이 아닙니다.

비전을 세울 때 중요한 첫 번째 원칙은, 가족이나 친구들이 나에게 거는 기대를 나의 비전이라고 착각하지 않는 것입니다.

누구도 인생을 대신 살아 줄 수 없습니다. 부모님이 나에게 거는 기대가 나의 재능과 성향을 감안한 것이 아니라면 그것은 비전이 될 수 없습니다. 결론부터 말하자면 부모님들이 여러분들에게 거는 기대는 유익이 될 수도 있지만 해가 될 수도 있습니다. 오해하지 말기 바랍니다. 부모님의 사랑 자체를 의심하는 것이 아닙니다. 사랑을 현명하게 실천하기가 쉽지 않다는 말입니다. 상대방이 더욱 성장하고 온전해지도록 돕는 것이 사랑입니다. 상대방을 조정하고 교정하려는 시도는 현명한 사랑이 아닙니다. 부모님의 사랑은 있는 그대로 받아들여야 하지만 본인의 속마음을 헤아리지 못하고 강압적이라는 생각이 든다면 반드시 자신의 비전을 말씀드려야 합니다.

비전과 부모님 사이에서 양자택일하라는 말이 아닙니다. 선택은 중요한 것과 덜 중요한 것을 판단할 때 발휘하는 기술이지 옳고 그름을 가리는 기술이 아닙니다. 모두 똑같이 중요하다면 선택의 기술이 아니라 조화의 기술이 필요합니다. 부모님께 순종하고 비전도 추구할 수 있기 위해서는 지혜가 필요합니다. 마음속에 품은 비전이 자신의 영혼을 뒤흔들 만큼 열정적인지, 입으로 표현하고 행동하기 전에 인내로써 검증하는 시간을 가져야 할 것입니다.

부모님의 기대와 다른 비전을 갖는 것이 부모님께 불효하는 것은 아닙니다. 부모님의 사랑을 생각하면 한편으로는 불효처럼 느껴질 수도 있지만 그렇다고 해서 자신의 비전을 포기하는 것은 현명한 태도가 아닙니다. 이것은 부모님의 진심을 모르기 때문입니다. 부모님의 진심은 자녀가 행복한 삶을 사는 것입니다. 어떤 부모님들은 자녀보다는 자신의 행복을 위해 자녀에게 많은 기대를 걸기도 하시지만 그럴 때에도 자녀를 향한 부모님의 사랑만큼은 진실합니다. 다만 부모님도 무엇이 진정으로 자녀의 행복을 위한 것인지를 알아가는 중일 겁니다.

부모님들을 대상으로 '자녀교육'을 주제로 강연할 때 자주 묻는 질문이 있습니다.

"자녀들에게 바라는 것이 무엇입니까?"

대개 부모님들의 대답은 사회에 필요한 인물이 되었으면 "좋겠다", "시대의 리더가 되었으면 좋겠다", "행복하게 살았으면 좋겠다"는 것입니다. 이것이 부모님들이 자녀에게 거는 기대입니다. 세상에 필요한 사람, 행복한 사람이 되는 것, 얼마나 아름다운 소원입니까? 하지만 부모님들도 이러한 소원을 이루기 위해 어떻게 행동해야 하는지를 잘 모르는 경우가 있습니다. 종종 부모님들이 자녀에게 상처를 주는 것은 사랑이 부족해서가 아닙니다. 현명하게 사랑하는 법을 아직 모르기 때문입니다. 사랑은 평생 배워야 할 감정입니다. 부모님도 자녀를 키우는 과정에서 더욱 성숙한 사랑을 배워 나가게 됩니다.

부모님의 생각은 항상 옳고 우리의 생각은 항상 틀렸다고 말할 수는 없습니다. 때로는 우리가 부모님보다 현명할 때도 있을 수 있습니다. 하지만 절대 성급하게 행동해서는 안 됩니다. 또한 부모님의 생각이 우리의 생각보다 더 성숙한 경우가 많기 때문입니다. 아무리 자기의 생각이 옳다 하더라도 그 생각을 실천하는 과정에서 누군가에게 상처를 준다면 결국 지혜롭지 못한 결과를 초래할 수도 있습니다. 우리가 옳다고 느껴질 때에라도 많은 경우에는 부모님의 의견을 존중하고 그분들의 생각을 따라야 합니다.

간혹 정말 우리의 생각이 더 옳은 경우도 있지만 그때에도 순종하는 것이 유익합니다. 이렇게 하면 사람과 조화롭게 협력하는 법을 배울 수 있습니다. 나는 대부분의 경우 부모님의 의견에 순종하기를 권합니다. 대학 진학을 앞두고 있을 때나 직업을 결정할 때에는 비전과 관련한 자신의 생각과 의견을 용기 내어 부모님께 말씀드려야 합니다. 앞서 언급한 대로 두 가지의 이유 때문입니다.

첫째, 부모님께서는 자녀의 진로에 대해서만큼은 자녀들의 재능보다는 과도한 기대나 사회적인 잣대로 판단하는 경우가 많기 때문입니다. 둘째, 누구나 자기 인생의 방향을 스스로 결정해야 하기 때문입니다. 귀를 닫고 독단적으로 판단하라는 것이 아닙니다. 충분한 조언을 구하되 최종 결정은 자기 몫이라는 이야기입니다.

전도 유망함과 '나만의 비전'의 차이

비전을 세울 때의 두 번째 원칙은, 시대와 사회의 요구를 비전의 잣대로 삼아서는 안 된다는 것입니다.

모든 시대는 사람들에게 일정한 가치와 자격을 요구합니다. 세계화 시대인 요즘에는 영어 실력이 필수라고 말합니다. 실제로 영어를 잘하면 원하는 직장에 입사하거나 지성을 쌓는 데 도움이 되긴 하지만 이것 자체가 우리의 인생을 좌지우지하지는 않습니다. 영어를 직업으로 삼는 경우가 아니라면 영어 실력은 하나의 수단일 뿐 그 자체가 비전이 될 수는 없습니다. 영어는 어떤 일을 능률적으로 해내기 위한 수단에 불과합니다. 수단과 목적을 혼동하면 중요한 것을 놓치게 됩니다.

2007년 12월, 한 학생이 다음과 같은 메일을 보내왔습니다.

선생님!

선생님께 도움을 요청합니다.

강의하실 때 비전에 대해 말씀하셨잖아요.

선생님이 생각하시는 가장 유망하고 비전 있는 학과는 무엇인가요?
미래는 누구도 예측할 수 없기 때문에 자기 하기 나름이다, 어느 학
과든 열심히 하면 성공할 수 있다는 식의 얘기 말구요. 정말 선생님
이 생각하시는 비전 있는 학과가 무엇인지 알고 싶어요. 선생님의
의견을 절대적으로 받아들이겠다는 것이 아니라 참고하겠습니다. 솔
직한 답변 부탁드립니다.

메일을 받고 잠시 고민했습니다. 비전 있는 학과를 몰라서가 아
닙니다. 사실 어느 학과를 가면 취업이 더 잘되고, 향후 어느 학과
가 더욱 인기가 높아질지에 대한 자료는 어렵지 않게 구할 수 있습
니다. 얼마만큼 적중할지는 장담할 수 없지만요. 내가 고민한 이유
는 이 친구의 질문이 자신의 비전을 찾는 것과는 관련이 없는 것
같아서였습니다.

나는 생물자원기계공학부라는 학과에 입학했지만 공업수학, 재료역학, 열역학 등의 전공 과목에 전혀 흥미를 느끼지 못했고 잘하지도 못했습니다. 지금은 누가 봐도 나 자신이 자연계열보다는 인문계열에 재능 있는 사람이라고 생각되지만 당시에는 나의 재능에 대해 잘 알지 못했습니다. 결국 전공에 흥미를 느끼지 못하여 복수 전공으로 경영학을 선택했고 경영학의 인사관리 분야로 진로를 결정했습니다. 처음부터 경영학이나 인문학 분야를 선택했더라면 좋았을 것을, 나만의 비전과 재능을 전혀 고려하지 않고 학과를 선택했기 때문에 겪은 뼈아픈 시행착오였습니다. 나는 그 학생에게 정말 도움이 되는 답변을 해 주고 싶었습니다. 약간의 고민 후 이런 답변을 적어 보냈습니다.

승기야, 너의 고민이 담긴 메일 잘 읽었다.

나에게 고민을 나눠 줘서 고맙구나. 나의 생각을 적어 볼게. 중요한

것은 비전 있는 학과를 찾는 것이 아니라 너의 비전을 찾아 용기 있

게 도전하는 것이란다.

세상의 눈높이에 너를 맞추려 하지 말고, 네가 가진 재능과 흥미를
느끼는 분야에 승부를 걸어 보면 어떨까? 유행이나 혹은 전망 좋은
학과나 인기 있는 직업에만 연연하는 것은 옳지 않단다. 네가 정말
하고 싶은 일, 너의 가슴을 뛰게 하는 일을 선택해야 해. 결국은 자기
가 좋아하는 일을 해야 즐기면서 오랫동안 즐기면서 할 수 있단다.
선생님도 10년 후 가장 인기 있는 직업이 무엇인지에 대한 자료들은
가지고 있지만 정말 중요한 것은 유망 직업이 아니야. 나에게 맞지
않는 삶을 사는 것만큼 불행한 일도 없지. 너만의 삶을 살아가렴. 네
안에 있는 것들을 끄집어내어 그것에 몰입해 보면 좋겠구나.

다행히 승기는 나의 조언을 잘 이해해 주었고, 곧바로 회신을
보내 주었습니다.

선생님. 정말이지 발상의 전환을 할 수 있게 된 것 같아요. 신선한 충
격이었습니다. 어느 누구도 선생님과 같이 말해 준 사람이 없었어요.
어른들은 의사가 최고다, 항공 분야가 뜨고 있다, 교사만큼 편한 게

없다라는 식으로만 말씀해 주셨고, 저는 먼저 경험하신 어른들의 그런 말씀이 옳다고 생각했거든요. 그런데 선생님처럼 좋아하는 걸 하라고 말씀해 주신 분은 없었어요. 정말 감사드립니다.

더 이상 세상의 필요에 맞춰 가며 살고 싶지 않아요. 제가 하고 싶은 분야에서 제 비전을 찾으려고 해요.

승기가 자신의 길을 힘차게 걸어가고 있기를 기대합니다. 자신이 가진 재능을 활짝 꽃피워 빛나는 인생을 살아가기를 바랍니다. 머지않아 자신만의 빛깔로 당당하게 세상에 모습을 드러내기를 기대합니다.

여러분도 비전 있는 학과가 아니라 자신만의 비전을 발견하고 그에 맞는 학과를 선택하기 바랍니다. 시대의 요구가 아니라 자신이 열망하는 것에 초점을 맞추기 바랍니다. 최고 전문가의 자리는 자신의 열망을 충실히 따른 사람들의 것입니다. 문득 내 모교의 교훈이 참 멋져 보입니다.

"내 갈 길, 내가 개척!"

비전 날개를 달고
힘차게
비상하라

엄마가 주신 양은 꼭 다 먹고 음식을 골고루 먹어야겠다. 덩치가 커

지고 키도 커졌으면 좋겠다. 축구를 더욱 잘할 수 있도록 노력해 중

학교, 고등학교, 대학교는 물론 국가 대표까지 갈 것이다.

축구 선수를 꿈꾸는 한 초등학생의 일기 내용입니다. 또 다른

일기에는 그날 했던 축구 훈련을 생각하며 일기장에 전술을 그

림으로 그려 놓기도 했습니다.

그림 옆 페이지에는 다음과 같은 글을 적어 두었습니다.

그림 ①을 할 때에는 패스를 정확히 하라고 지적받고 그림 ②를 할 때에는 역시 패스를 정확히 하라고 지적받았다. ③을 할 때에는 패스를 빠르게 하라고 지적받았다. 이젠 정신을 바짝 차려야겠다.

다음은 일곱 살짜리 소녀의 일기입니다.

우리 가족은 토요일에 올림픽공원에서 아이스 쇼를 보았다. 제목은 〈알라딘〉이었다. 아이스 쇼는 1부와 2부로 나뉘어 공연되었다. 눈이 나빠 안 보일 줄 알았는데 안경을 쓰고 가서 다행이었다. 아이스 쇼를 보고 나서 나도 스케이트를 열심히 타서 국가 선수가 되어야겠다고 다짐했다.

소녀의 할머니는 훗날 이렇게 말했습니다.
"연아야, 너는 일곱 살 때 쓴 일기 그대로 피겨 여왕의 꿈을 이루었구나.”

　방금 소개한 일기의 주인공은 우리가 잘 아는 박지성 선수와 김연아 선수입니다. 이들은 자신의 미래에 대한 비전을 가지고 있었습니다. 어린 시절부터 비전을 품고 성실히 노력하면 반드시 꿈을 이룰 수 있습니다.

　다음은 또 다른 소년의 이야기입니다.

소년은 지독한 노력파였습니다. 시간과 전쟁이라도 치르는 사람처럼 자투리 시간에도 영어 단어를 외우고 책을 읽었습니다. 초등학교 6학년 때 UN 사무총장에게 보내는 탄원서를 낭독하는 대표로 선발된 것도 그만큼 소년의 성적이 우수했기 때문이었습니다. 소년은 이렇듯 공부를 잘했으나 서울에 있는 고등학교로 진학하기에는 집안 형편이 어려웠습니다. 충주고등학교에 입학한 소년은 생활기록부의 장래희망란에 ‘외교관’ 이라고 적었습니다.

소년은 마침내 외교관의 꿈을 이루었습니다. 2000년에 외교부 차관, 2002년 본부 대사, 2003년 청와대 외교보좌관, 2004년 외교부 장관을 차례로 역임하였습니다. 소년 반기문은 6학년 때 UN 사무총장에게 보내는 탄원서를 읽은 지 정확하게 50년이 지난, 2006년에 제8대 UN 사무총장에 선출되었습니다. 반기문 총장의 충주중학교 후배였던 윤진식 전 산업자원부 장관은 훗날 이렇게 말했습니다. "반기문 선배님은 우리에게는 신화적 존재였습니다." 이제 그는 한국 청소년들의 신화적 존재가 되었습니다. 그는 성실과 노력으로 원대한 비전을 실현한 우리의 영웅입니다.

일찍부터 분명한 비전을 품었던 반기문 총장님을 비롯해 박지성 선수와 김연아 선수의 공통점은 모두 비전을 글로 써 두었다는 것입니다. 이는 비전에 관해 마지막으로 강조하고 싶은 이야기이자 반드시 실천해야 할 중요한 사항입니다.

푯대, 노래, 깃발

비전을 이루려면 자신의 비전을 글과 그림으로 시각화해야 합니다. 사실 비전을 상상하고 창조하는 것은 단시간에 할 수 있는 일은 아닙니다. 어른이 되어 가는 과정 가운데 끊임없이 생각하고 자신을 되돌아보며 찾아가는 것입니다. 비전을 발견했다고 해서 내 삶에서 당장 어떤 변화가 일어나는 것도 아닙니다. 비전을 발견하는 일은 결승선을 통과해 화려한 메달이 주어지는 일이 아닙니다. 달려갈 푯대를 찾았다는 뜻이고, 부를 노래를 가졌다는 것이고, 흔들 깃발을 지녔다는 뜻입니다.

당장 눈에 보이는 무언가가 나타나지 않는다고 해도 비전을 발견하기 위한 노력을 멈추어서는 안 됩니다. 인생의 어느 시기에 반짝 노력할 일이 아니라 삶 전체에 걸쳐 지속적으로 노력해야 할 일입니다.

내가 말하는 것은 비전의 완결문이 아니라 초안입니다. 수정되고 추가되어야 할 초안이므로 편안한 마음으로 따라서 작성하면 됩니다. 큼직한 종이에 비전을 마음껏 상상하여 표현하기만 하면 됩니다.

비전맵 작성법 3단계

1단계 : 비전맵 제목 정하기

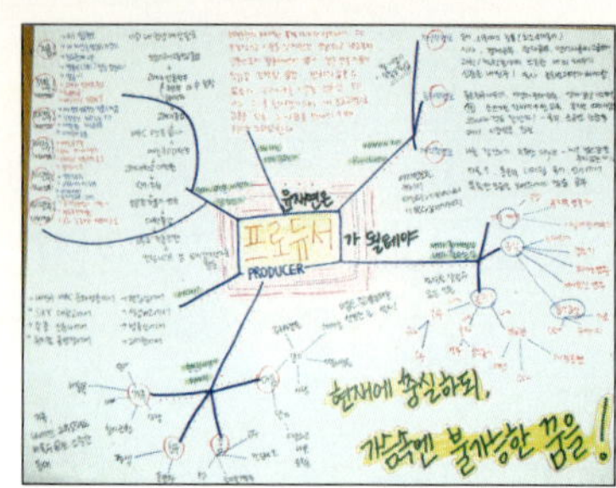

재연이의 〈비전맵〉

비전맵의 종이나 노트 가운데에 본인 이름을 넣어 '희석이의 비전맵'과 같은 제목을 붙입니다. 제목에 자신의 비전을 덧붙이는 것도 좋은 방법입니다. 예를 들어 '베스트셀러 작가 희석이의 비전맵'이라고 적습니다. 희망하는 직업이 있다면 그것을 적어도 좋습니다. 재연이처럼 "윤재연은 프로듀서가 될 테야."라고 자신의 꿈을 외치며 비전맵의 제목을 정해 보세요. 1단계에서는 상상력을 발휘하여 자신의 꿈을 마음껏 그려 보는 것이 중요합니다.

2단계 : 비전을 글과 그림으로 표현하기

두 번째 단계는 글이나 그림으로 비전을 시각화하는 것입니다. 자신의 비전을 잘 표현해 주는 그림을 그리거나 인터넷이나 잡지에서 비전과 관련된 사진을 찾아서 붙이면 됩니다. 혹은 떠오르는 생각들을 글로 적어

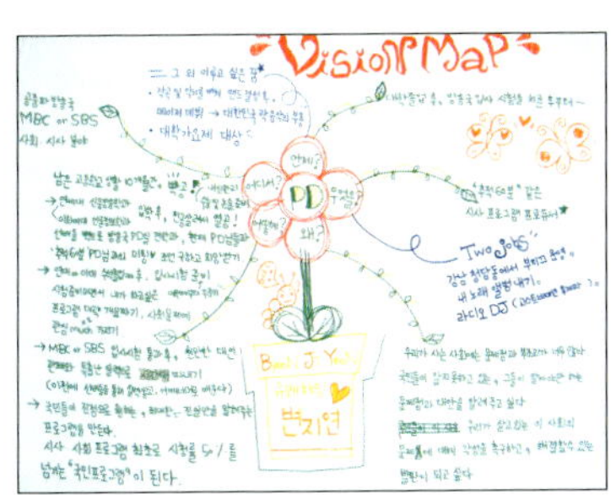

지연이의 〈비전맵〉

보세요. 비전맵(A3 용지가 가장 적당합니다)을 채워 가는 데에는 두 가지의 방법이 있습니다. 하나는 제목에서 가지치기를 해 나가면서 생각을 이어 가는 것입니다(재연이의 비전맵 참고). 또는 지연이처럼 육하원칙에 맞추어 가지를 칠 수도 있습니다. 여러분의 머릿속에 떠오른 생각이 곧 하나의 가지가 됩니다. 2단계에서 반드시 기억해야 할 것은 자신의 표현력을 총동원해서 비전을 시각화해야 한다는 것입니다. 글과 그림, 사진으로 비전을 생생하게 묘사해 보세요.

또 다른 하나는 종이의 채워지지 않은 공간에 하고 싶은 일들을 마음껏 적어 넣는 방법입니다. 각각의 꿈들이 가지치기로 연

결되지 않아도 괜찮습니다. 평생 동안 이루고 싶은 꿈의 목록을 생각나는 대로 작성하면 됩니다. 지수의 비전맵은 대학생활, 가족, 사회생활, 삶의 여유, 커리어 등에 대한 자신의 생각을 자유롭게 표현하여 사진을 덧붙인 좋은 사례입니다. 한국 최고의 상담사를 꿈꾸는 어떤 학생은 원하는 대학, 상담센터 설립, 유학 등에 대한 자신의 비전을 글과 사진으로 자유롭게 작성하기도 했습니다.

지수의 〈비전맵〉

3단계 : 비전에 다가서는 행동 목표 정하기

2단계까지 오면 비전맵이 거의 완성된 것처럼 보입니다. 하지만 3단계인 행동 목표를 세우지 않았다면 아직 완벽하게 완성된 것이 아닙니다. 자신의 비전을 이루기 위해 어떤 일을 해야 하는지 생각해 보세요. 대학교 입학 전까지 해야 할 일이나 올해 해야 할 일을 작성할 수 있다면 아주 좋습니다. 이러한 행동 목표까지 적어야 비전맵이 완성됩니다. 행동 목표를 작성하기 위해서는 자신의 비전에 대한 정보를 수집해야 합니다. 제대로 알지 못하면 계획할 수 없기 때문입니다. 비전 조사는 3단계에서의 핵심 활동입니다.

이번 주말, 시간을 내어 비전맵을 작성해 보기 바랍니다. 실제로 비전맵을 만들려고 하면 이런저런 어려움이 있을 것입니다. 강연에서 학생들이 자주 묻는 질문과 그에 대한 저의 답변들을 정리하여 책의 마지막에 실어 두었습니다. 〈비전맵 작성법 3단계〉와 〈Q & A〉를 참고하여 멋진 비전맵을 만들어 보세요.

어떤 어른들은 비전맵을 작성하기 위해 글을 쓰고 그림을 그리는 과정을 쓸데없는 일이라고 말하는 이들도 있을 것입니다. 어떤 친구들은 당장 해야 할 공부나 열심히 하라고 핀잔을 줄 수도 있습니다. 혹은 '나는 아무것도 가진 것이 없고 이루어 놓은 것도 없다' 는 생각에 스스로 초라함을 느낄 수도 있을 것입니다. 이런 마음이 들면 두 팔과 두 다리가 없는 닉 부이치치(Nick Vujicic)의 말을 기억하기 바랍니다. (닉 부이치치의 감동적인 동영상을 감상하기를 추천합니다. www.yesmydream.net에서 '닉 부이치치' 를 검색하면 됩니다.)

"누구나 길을 가다 보면 넘어질 수도 있어요. 넘어지면 일어서야 합니다. 넘어진 상태로는 아무 데도 갈 수 없으니까요. 살다 보면 다시 일어날 수 있는 힘이 없다고 느껴질 때도 있지만 그렇지 않아요. 저는 백 번이라도 다시 일어나려고 시도할 거예요. 만약 백 번 모두 실패한 후 일어나려는 것을 포기한다면 저는 다시는 일어나지 못할 거예요. 하지만 실패해도 다시 시도하고 또다시 시도한다면 그것은 끝이 아니에요. 어떻게 끝내는가가 중요한 것이죠. 강인하게 이겨 내세요. 저를 보시면 다시 일어날 용기를 얻을 거예요."

비전맵을 작성하려는 우리에게 누군가 핀잔의 말을 던진다고 해서 포기해서는 안 됩니다. 비전이야말로 어제의 나와 결별하여 새로운 오늘을 만드는 비결이기 때문입니다. 한국 문학의 거장 황석영 선생님이 10대에게 들려주는 말씀을 소개합니다.

"물론 삶에는 실망과 환멸이 더 많을 수도 있지만 하고픈 일을 신나게 해내는 것이야말로 우리가 태어난 이유이기도 하다. 하고 싶지 않은 일을 때려치운다고 해서 너를 비난하는 어른들을 두려워하지 말라는 거다. 그들은 네가 다른 어떤 일을 더 잘하게 될지 아직 모르기 때문이다."

비전의 날개를 달고

덴마크의 동화 작가 안데르센의 『미운 오리 새끼』 이야기를 떠올려 봅시다. 미운 오리 새끼는 자신이 백조라는 사실을 모른 채 어린 시절 주위 사람들로부터 미움을 받습니다. 남들과 다르다는 이유로 따돌림을 당하고 작은 실수에도 손가락질을 받지만 사실 그 오리는 백조였습니다. 머지않은 날에 화려하게 비상할 백조 말입니다.

우리도 이와 같습니다. 우리는 모두 날개를 활짝 펴서 힘차게 날아오를 백조와 같은 존재입니다. "난 못해, 한 번도 해 보지 않았는걸.", "난 원래 영어를 못했어."와 같은 말은 스스로를 마음 속 감옥에 가두는 말입니다.

하늘을 향해 크게 외쳐 봅시다.

"나의 내일은 달라질 것이다. 오늘 해야 할 일들을 더욱 사랑할 것이고, 성장을 위한 노력을 멈추지 않을 것이다. 삶과 사람에 대한 이해가 조금씩 깊어질 것이다. 어제의 아픔과 슬픔이 더 이상 나만의 것이 아님을 깨닫게 될 것이고, 이런 것들이 더 이상 나를 힘들게 하지 않을 것이다. 내 삶은 곧 비상할 것이다. 힘차게 날아오르는 나의 비상을 하루라도 빨리 목격하기 위해 오늘 하루를 최선을 다해 살고 열심히 공부할 것이다. 나는 나의 미래를 생각할 때마다 가슴이 벅차오른다. 나의 내일은 오늘보다 더 밝게 빛날 것이다."

눈으로만 읽지 말고 외쳐야 합니다. 입으로 말할 때 우리는 귀

로 듣게 되고 잠들어 있던 잠재력이 깨어납니다. 자신감이 더해
지고 에너지가 생겨납니다. 비전맵을 작성하기 전에 이렇게 우
리의 마음을 새롭게 해야 합니다. 비전은 못마땅한 오늘에 대한
그림이 아니라 아름다운 미래에 대한 그림이므로 새로운 눈을
가져야 합니다.

가슴에 원대한 비전을 품어야 합니다. 백조처럼 화려한 비상
을 꿈꾸십시오. 비전 날개를 달면 힘차게 비상할 수 있습니다. 게
으름과 분주함의 벽을 넘어 하늘 높이 날아오르세요. 비전을 품
는 것은 일정한 대가를 치르고 지금까지 하지 않았던 일을 하는
것임을 기억해야 합니다. 다소 부담이 되는 일일 수도 있지만 날
개를 달았으니 이제 우리가 살아가는 세상은 지상이 아닌 하늘
이라는 점을 명심하세요. 땅에서는 보지 못했던 아름다운 풍경
을 보게 되면 비전을 위한 행동을 기쁘게 실천할 수 있습니다.

못다 한 이야기

비전을 세우는 초기 단계에서는 무엇보다 섣불리 행동하지 않

는 것이 중요합니다. 비전은 즉각적인 행동이 아닌 인내를 요구합니다. 간절한 마음만 있다고 해서 되는 일이 아닙니다. 비전을 발전시키는 데에는 시간이 필요합니다. 기다림은 괴로운 일이지만 가치 있는 과정입니다.

비전은 좋은 생각이나 어떤 것에 대한 관심에서 시작되지만 모든 좋은 생각이 비전이 되는 것은 아닙니다. 지난달에는 관심을 가졌던 것이 지금은 아무런 흥미도 없다면 그것은 비전이 될 만한 중요한 관심사라고 할 수 없습니다. 자신을 전율시키는 비전과 그저 좋은 생각을 구분하기 위해서는 시간이 필요합니다.

자궁 속의 태아에게는 서둘러 해야 할 긴급한 일이 없습니다. 마찬가지로 비전 역시 서두른다고 자라는 것이 아닙니다. 태아가 잉태된 순간부터 10개월 동안 자궁에서 성장하듯이 비전도 시간과 함께 성숙되어야 합니다. 그렇지 않으면 비전은 냉소적이고 비판적인 세상에서 살아남지 못할 것입니다. 가슴속에 품은 비전이 정말 자신이 추구해야 할 비전인지 시간을 두고 확인하는 동안에는 성급하게 행동해서는 안 됩니다. 그렇다고 아무

것도 하지 말라는 말이 아니라 필요한 일들을 신중하게 시도하라는 것입니다.

행운은 누구에게나 찾아오지만 모든 사람이 그 행운을 누리는 것은 아닙니다. 준비가 된 기회를 만나는 것이 행운입니다. 준비된 자들이 더 많은 행운을 차지하게 됩니다. 크고 원대한 비전이든 쉽게 이룰 수 있는 작은 비전이든 비전을 갖게 되면 흥분하기 쉽습니다. 누군가에게 이야기하고 싶고, 당장이라도 할 수 있는 일은 하루 빨리 시도해 보고 싶습니다. 이때 인내가 필요합니다. 누군가에게 비전을 말했을 때 그 비전이 상대방에게는 터무니없는 일이 될 수도 있기 때문입니다. 월트 디즈니가 대규모 테마파크가 될 디즈니랜드에 대한 비전을 이야기했을 때 그의 형이 보인 반응도 그러했습니다.

"월트가 종종 말도 안 되는 일을 벌이긴 하지만 이번 일은 그야말로 미친 짓이야!"

월트의 사업을 돕던 형도 이런 말을 했으니 다른 이들의 반응은 굳이 말하지 않아도 알 수 있을 것입니다. 그러나 월트 디즈니는 그 비전을 하나둘 합리적으로 표현하며 구체화했습니다.

비전은 합리적으로 표현할 수 있어야 하고 구체적인 방법론을 제시할 수 있어야 합니다. 그래야만 그 비전이 세상의 비판과 험난한 과정에서 살아남을 수 있습니다.

비전맵을 작성하고 난 다음에 해야 할 일은 비전 수립입니다. 그리고 비전 수립을 위한 계획을 끊임없이 수정하고 발전시켜야 합니다. 자신이 가진 자원(시간, 체력, 지식 등)을 어떻게 활용할 것인지를 생각하고 비전을 위해 어떤 준비가 필요한지도 계획해야 합니다.

비전은 사람들의 바람처럼 우연히 실현되는 것이 아닙니다. 구체적으로 계획하고 실천하는 노력이 있어야 비전을 이룰 수 있습니다. 미래는 자신의 비전을 향하여 전진하는 사람들에게 활짝 열려 있습니다. 여러분 모두가 비전 날개를 달고 힘차게 비상하시기를 응원합니다.

청심국제고등학교 2학년 김충일

김충일 학생은 고등학교 1학년을 마치고 휴학을 결심했습니다. 꿈을 구체화하기 위해 자신이 역할 모델로 삼고 있는 CEO들을 직접 만나 보고 싶었기 때문입니다. 지금은 자신의 꿈을 이루기 위해 미국에서 열심히 준비 과정을 밟고 있습니다. 김충일 학생도 처음부터 시간 관리를 잘했던 것은 아닙니다. 많은 실패를 통해 시간 관리의 필요성을 인식한 후 방법을 배워 나갔습니다. 지금부터 김충일 학생의 생생한 시간 관리 이야기를 소개합니다.

거절을 못해 시간 관리가 힘들어지다

나는 예스맨(YES-MAN)입니다. 누가 뭐든지 부탁하기만 하면 어떤 일이든 "Yes."라고 말하곤 했습니다. 친구들이나 선생님, 부모님에게 좋은 친구, 좋은 학생, 아들이고 싶었으니까요. 내 딴에는 거절하는 것은 무조건 나쁜 줄로만 알았거든요. 그런데 정말 나쁜 일은 약속을 지키지 않는 것이라는 사실을 알았습니다.

중간고사 기간 중에 있었던 일입니다. 밴드 부 선배들이 다른 고등학교 축제날 선배님 한 분을 대신해 기타를 쳐 줄 수 있겠느냐며 부탁을 해 왔습니다. 축제가 당장 내일모레인지라 오늘부터 연습을 해야 한다는 말에 그러겠다고 하고는 오후 10시부터 새벽 2시까지 연습을 했습니다. 사실 다음 날이 시험일이면서도 기타 연습을 할 수 있었던 것은 시험 과목이 체육과 음악이라 조금은 마음을 편하게 먹었기 때문이었습니다. 그런데 막상 두 과목 점수가 평균에도 훨씬 못 미치고 보니 남은 과목 공부는 열심히 해야겠다는 생각이 들었습니다.

다음 날은 악보를 제대로 연습해 오겠다는 약속을 하고 연습을 빠졌습니다. 그런데 결국 공연 준비를 제대로 못해 세 곡 중에 두 곡을 망쳐버리는 엄청난 실수를 범하고 말았습니다. 선배님들은 괜찮다며 나를 위로했지만 나로서는 다른 학교 학생들 앞에서 학교의 명예를 실추시켰다는 생각에 마음이 편치 않았습니다. 결국 시험을 잘 보고 싶다는 욕심, 밴드 공연을 잘하고 싶다는 욕심, 다른 사람들에게 잘 보이고 싶다는 순수한 욕심, 어느 것도 충족시키지 못했습니다. 이 모든 것이 거절을 제대로 못한 결과입니다.

우선순위와 가용 시간을 판단하지 못해 낭패를 보다

세원이와 나는 'Yearbook(학교 앨범 제작 동아리)'과 '사랑초(봉사 동아리)'에 함께 몸담고 있습니다. 그런데 어쩌다 보니 양쪽 동아리 선배님들이 동시에 과제를 내 주셨습니다. 과제는 3학년 선배님들의 사진을 찍는 것과 동아리 마크를 제작하는 일이었는데 두 가지 모두 많은 시간을 요하는 일이었습니다.

"언제까지 해 줄 수 있어? 이왕이면 빨리 해 주는 게 좋은데."

지금이야말로 '선배님들에게 잘 보일 수 있는 기회'라는 생각에, 친구 세원이는 2, 3주 정도 걸리겠다고 했지만 나는 별 생각 없이 다음 주 내로 제출하겠노라 약속하고 말았습니다.

결과는 그야말로 참담했습니다. 다음 주에 세계사와 국어 수행평가가 있다는 걸 깜빡한 것입니다. 결국 선배님들과 한 약속도 못 지키고 수행평가 준비도 못하고 말았습니다. 친구 세원이는 한 주 동안 수행평가 준비를 열심히 해서 만점을 받았고 동아리 과제도 나보다 이틀이나 먼저 제출했습니다.

내가 일주일 중 나흘 밤을 꼬박 새는 동안 세원이는 좋은 성적을 거두고 게임을 하며 즐겁고 여유로운 시간을 보낼 수 있었던 것은 그만큼 세원이가 시간 관리를 잘했기 때문입니다. 세원이는 한 달 전부터 이 달에 있을 일들을 계획하고 매번 한 주 전에 다시 한 번 계획을 점검하곤 했습니다. 결국 약속을 잘 지킨 세원이는 선배님으로부터 신임을 얻어 차기 동아리 회장 자리까지 얻었으니 이게 모두 시간 관리의 힘이라는 생각이 들었습니다.

계획 수립을 실천하여 시간 관리에 눈을 뜨다

나는 중학교 3학년 겨울방학을 제대로 보내고 싶은 마음에 나름대로 계획을 세웠습니다. 커다란 백지 위에다 방학 동안 하고 싶은 일들을 적은 후 하나씩 실천할 때마다 계획한 일들을 지워 나갔습니다. 중요하고 급한 일들 위주로 먼저 실천하려 노력했습니다. SMART(Specific, Measurable,

Accountable, Resonant, Thrilling) 방법에 따라 하고 싶은 일과 해야 할 일들을 정하고 계획을 세웠습니다. 그때 짜 두었던 계획들은 다음과 같습니다.

- 영어 단어책('WORD SMART BASIC'), 하루에 10페이지씩 외우고 사흘에 한 번씩 시험 보기
- 영문 소설('The Good Earth'), 하루에 20페이지씩 읽고 내용 요약하기
- 수학 문제집 '10-가, 나', 하루에 30문제씩 꼬박꼬박 풀기

나는 요즈음에도 이런 방식으로 계획을 짜고 있습니다. 겨울방학을 알차게 보낸 덕분에 영어를 잘하는 편은 아니지만 고등학교 입학 후 학기 초에 본 영어 시험에서 상·중·하 반 중 '상' 반에 들어갈 수 있었습니다.

그때 계획에서 고등학교에 입학한 후 실현된 것 중 하나는 1학년 2학기 때 학급 회장이 된 것입니다. 앞으로도 기회가 있을 때마다 리더

의 경험을 통해 내 마음의 그릇을 넓혀 가려고 합니다. 그래야 내 꿈인 세계적인 CEO가 되기 위한 발판을 마련할 수 있을 테니까요. 내 인생의 장기적인 목표를 중기, 단기로 나누어 하나씩 실천해 나가면 내 꿈도 이루어지리라 봅니다.

PART 03
효과적인
시간 관리의 기초
- 계획의 비밀
STOP
SUNdAY.
SATURDAY
FRIDAY
THursDAY
WEdnesdAY
TuesdAY
MonDAY.

양정훈 (POSCO 코칭전문가)
대원외고, 이화외고 등 각 학교에서 리더십 강의 및 코칭을 하였다. 소중한 것 먼저 하기(FOCUS)와 시간 관리 강사, 한국리더십센터의 청소년인증코치(CYC) 및 한국코치협회 심사위원으로 있다. 현재 시간 관리와 자기계발에 관한 블로그(http://yangcoach.com)와 성과향상을 위한 그룹 코칭을 운영 중이다.

계획은 흩어져 있던 시간과 에너지를 끌어온다

우리는 왜 계획을 세우기 힘들까요? 더 정확히 말하면 왜 '제대로 된 계획'을 세우기 힘든 걸까요?

왜 '제대로 된' 계획을 세우기가 어려운지를 살펴보면 그 이유를 알 수 있을 것입니다. 다음 그림은 아마 매우 낯이 익을 겁니다.

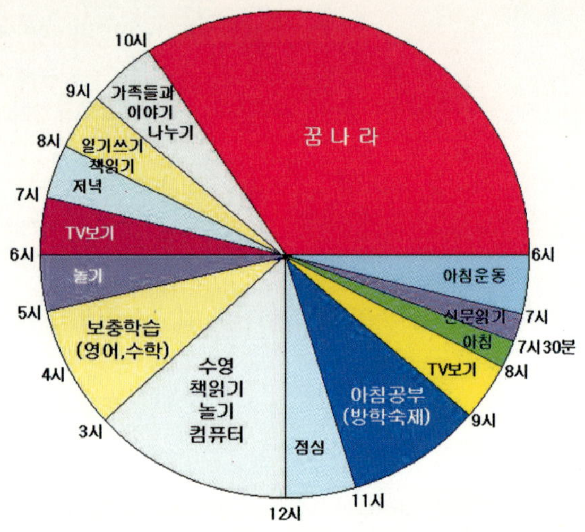

누구나 한 번쯤은 이런 일과표를 작성해 본 경험이 있을 겁니다. 방학 생활 계획표를 작성하라는 과제물을 받으면 일단 기상 시간부터 의욕적으로 정합니다. 그러고는 평상시에도 안 했던 아침 운동을 1시간씩이나 매일 하겠다고 그려 넣곤 합니다. 그리고 오전 시간은 무조건 아침 공부 시간으로 정합니다. 그리고 다시 오후 시간. 보충 학습부터 적절한 운동과 놀이까지 모두 쓰고 그것도 모자라 저녁에는 일기 쓰는 시간까지 빼놓지 않고 계획표에 넣습니다.

강의 때마다 많은 사람들에게 이와 같은 시간표를 보여 주며 다음과 같은 질문을 던집니다.

"자, 이 시간표처럼 작성해 보신 분?"

그러면 청소년이나 어른 모두 예외 없이 웃으며 손을 듭니다. 다시 질문을 던집니다.

"이런 생활 계획표를 작성하면 '나는 무조건 지켰다', '나는 이 일과표가 내 체질이었다' 하신 분?"

그러면 정말 놀랍게도 서로 합의라도 한 듯 아무도 손을 들지 않습니다.

여유 공간을 계획하는 습관

왜 이런 일이 일어나는 걸까요? 비즈니스 컨설팅업체인 프랭클린 코비 사(社)의 하이럼 스미스 회장은 이런 말을 했습니다.

"계획에 실패하면 실패를 계획한 것이다."

이런 시간표를 작성했다는 것은 이미 실패를 계획하는 것이나 다름없는 결과를 가져옵니다. 왜 그럴까요? 서울대학교 심리학과 최인철 교수는 자신의 저서『프레임』에서 이런 말을 했습니다.

이 모든 상황은 의지 부족이라기보다는 애초부터 미래에 대한 우리의 계획이 현재의 의지에 의해 지나치게 영향을 받았기 때문이다. 미래 계획을 세우다 보면 관심이 자기 내면으로만 집중하게 된다. 불타는 의지, 각오, 과거의 실패, 실수에 대한 깨달음, 이번만은 다를 것이라는 자기 확신 등을 보면서 현재의 의지가 미래에도 그대로 유지될 것이라고 확신한다.

좀 더 쉽게 풀어 쓰자면 이런 이야기입니다. 이번에는 잘해 보고 싶다는 의지가 말 그대로 '오버' 된다는 의미죠. 더 쉽게 표현하자면 "이렇게 되었으면 좋겠다."를 미리 그려 넣은 것입니다. 만약에 그렇게 거창한 계획을 세우고 시작했다고 가정해 봅시다. 첫날은 계획대로 잘 지켰습니다. 그래서 뭔가 뿌듯한 기분입니다. 그런데 둘째 날, 친구가 찾아와 "아무개야, 새로 개봉된 영화

보러 가자. 나 티켓 있어!"라고 말하면 어떻게 될까요? 갑자기 몸이 아프기라도 하면 어떨까요? 가족이 모두 여행을 가야 한다면? 뜻하지 않은 일로 이성 친구와의 관계에 문제가 생긴다면?

벌써부터 머리가 아프기 시작합니다. 나의 계획은 원대하였으나 세상이 나를 가만두지 않습니다. 누구에게나 이런 상황은 생길 수 있습니다. 그렇다면 그에 대한 해답을 알아봅시다.

첫째, 계획을 세울 때는 미래에 예기치 않게 일어날 수 있는 여러 요인들을 고려하는 지혜가 필요합니다. 처음에는 의욕에 넘쳐 계획을 세우다가 위와 같은 일들이 생기면 의욕이 꺾이게 되고, 그럴 때 "아 난 원래 잘 안 되나 봐."라는 생각에 이르면 계획을 실천하고자 하는 흥미도 사라지게 됩니다.

그래서 저는 만약 100의 일을 할 수 있다면 70~80의 일만 계획합니다. 실제 하루를 보내고, 1년을 보내다 보면 예기치 않게 무슨 일이 생길지 알 수가 없습니다. 인간관계에서나 일에서 다양한 변수가 생길 수 있습니다. 새롭게 생긴 일들은 남은 20~30에 삽입할 수 있습니다. 이것은 자동차의 범퍼와 같은 '여유 공간'이라고 할 수 있습니다. 범퍼는 물체와 충돌이 생기면 그 충격을 흡수하는 중요한 역할을 합니다.

이처럼 청소년기부터 예상 외의 사건에 대해 미리 예상할 줄 아는 습관을 길러야 합니다. 그렇지 않으면 대학생, 성인이 되어서도 앞의 그림 같은 비효율적인 계획표를 짜게 됩니다.

둘째, 일과표를 짜면서 오전 9~11시까지를 공부 시간으로 정했습니다. 그런데 그 시간에 갑자기 부모님이 심부름을 시키고, 친구가 영화를 보자고 하는 바람에 어느새 시간이 5시가 되었습니다. 많은 친구들이 이제는 무엇을 해야 할지 혼란스러워합니다. 일과표대로라면 5~6시까지 1시간 동안이 놀기 시간이고, 6~7시까지 1시간 동안 텔레비전 보기, 그런 후에는 저녁 식사 시간이기 때문입니다. 일과표대로 지켜지지 않았을 때는 나머지 시간을 어떻게 해야 할까요? 이런 시간표대로는 아무것도 제대로 지키지 못할 수도 있습니다. 계획표를 작성할 때는 '중요한 것을 먼저 하도록' 짜야 합니다. 이에 관해서는 〈일일 계획대로 살아가기〉 편에서 보다 상세히 다룰 예정입니다.

계획만 제대로 세운다면

　세계적인 석학이자 경영학자 피터 드러커는 "계획이란 미래에 관한 현재의 결정이다."라고 했습니다. 단기간에 너무 거창한 목표를 세우는 것도 좋지 않습니다. 모든 것에는 단계와 순서가 있는 법입니다. 차근차근 단계를 밟아 올라가면서 최대한 실현 가능한 계획을 짜는 것이 중요합니다.

　이렇듯 제대로 된 계획을 세우는 것은 결코 쉬운 일이 아닙니다. 그러면 잘 짜여진 계획은 어떤 힘을 발휘할까요? 잘 짜여진 계획은 목표를 이룰 수 있다는 자신감을 심어 줍니다. "아, 나도 할 수 있겠구나."라는 생각은 1년 후, 10년 후의 내 모습을 구체적으로 그릴 수 있게 해 줍니다. 쉽지는 않지만 하루하루 실천해 가면서 성취감을 느끼기 때문입니다. 자신감을 갖게 되면서 지식의 힘도 늘어나게 됩니다. 제대로 된 계획이 중요한 것은 바로 이 때문입니다.

　그럼 이제부터 비전을 이루는 목표를 세우는 법을 알아보겠습니다.

비전을 이루는 장기 목표 세우기

비전이 있는 사람은 눈이 반짝입니다. 흥미 있는 일을 찾았기 때문입니다. 비전이 있는 사람에게 확고한 목표는 실질적이고 구체적인 도움이 됩니다. 지금부터는 방향을 설정하고 목표를 이룰 수 있는 똑똑한(SMART) 장기 목표를 작성해 봅시다.

S(Specific), 구체적입니까?

목표가 구체적이지 않을 경우 그 목표는 추상적인 것으로 끝나기 쉽습니다. 일례로 올해의 목표를 '똑똑해지기'로 정했다면 똑똑해지기 위해 구체적으로 무엇을 할 것인지 구체적인 계획을 세워야 합니다. 독서를 하거나 친구들과 그룹 스터디를 하는 등의 내가 할 수 있는 방법을 생각해 볼 수 있습니다. 나 자신도 실천할 방법을 모르는 추상적인 목표는 꿈을 실현하는 데 아무런 도움이 되지 않습니다.

M(Measurable), 측정할 수 있습니까?

구체적으로 '독서를 한다'는 목표를 세웠다면 여기서도 좀 더 실질적인 계획이 필요합니다. 1년에 우연히 잡지 몇 권, 도서관에서 책 한 권을 읽는 것만으로는 똑똑해질 수 없습니다. 어느 정도 독서를 해야 원하는 만큼 똑똑해질 수 있는지는 스스로 생각해 보면 답이 나올 것입니다.

'1년에 한 권은 너무 약해. 공부 안 하는 내 친구 철수도 1년에 5권은 읽더라. 그러면 똘똘이처럼 100권은 어떨까? 아, 그건 너무 힘들 것 같아. 어떻게 그렇게 많이 읽을 수 있을까? 그렇다

면 한 달에 3권씩, 1년에 36권은 어떨까?'

이렇듯 수량화하기 시작하면 내가 할 수 있을 것 같은 범위가 생깁니다. 그리고 시간이 지나고 얼마나 했는지, 또 앞으로 얼마나 해야 할지 등에 대한 관리가 가능해집니다. 무엇이든 숫자화 되면 평가가 쉬워집니다. 등급이나 가격을 비롯해 '백만장자(百萬長者)', '천석지기', '만리장성(萬里長城)'이라는 표현은 그 정도를 쉽게 가늠할 수 있는 말들입니다. 이처럼 우리가 세운 목표도 셀 수 있게 작성을 해야 꿈에 도달할 수 있는 거리를 잴 수 있습니다.

특히 그 목표가 성취 기간이 짧을수록 흥미를 잃지 않고 지속적으로 실천하는 데 매우 유리합니다.

A(Accountable), 책임질 수 있습니까?

꿈을 생각하면 마음이 설렙니다. 그러나 꿈을 너무 거창하게 가지면 실행을 위한 계획도 거창해지기 쉽습니다.

나의 경우를 예로 들자면 고등학교 시절, 전 학년 모두가 참가

해야 하는 단축 마라톤 대회가 있었습니다. 당시 내가 좋아하던 여학생이 내가 마라톤에서 뛴다는 이야기를 듣고 "잘 뛰어."라고 한마디 던졌습니다.

그 말에 고무된 나는 제대로 된 연습도 한번 하지 않았으면서 트로피를 타겠다는 마음에 시합 당일 미친 듯이 뛰었습니다. 결과는 뻔했습니다. 트로피 수상을 위해서는 전교 순위 10위 안에 들어야 하는데 순위 입상은 고사하고 중반 대에서 간신히 완주하는 수준이었습니다. 설상가상으로 다음 날 아침부터 허리가 뒤틀리고 온몸이 쑤셔서 일주일 내내 고생을 해야 했습니다.

만약 현명하게 목표를 세웠더라면 이런 일은 없었을 것입니다. 우선 목표에 도달하기 위해 근육을 키우고, 달리기 실력을 쌓았을 것입니다. 또는 실현 가능한 목표를 설정했을 것입니다.

마찬가지로, 똑똑해지기 위해 독서를 해야겠다는 목표를 세우면서 그 실천 사항을 "매일 5시간씩 주 7회, 어려운 내용의 서적을 읽는다."로 정한다면 이런 목표는 특별히 머리가 좋은 사람이나 독서가 습관화되어 있는 사람이라면 몰라도, 당장 실천하기 어려운 것이 될 수 있습니다. 이처럼 목표는 우리가 책임질 수 있는 범위 내에서 설정되어야 합니다.

R(Resonant), 공명합니까?

'공명(共鳴)' 하면 무엇이 떠오릅니까? 소리굽쇠, 자기공명, 종소리, 이런 것들이 연상될 것입니다. 원래 공명이란 물리학적인 용어로 '진동계가 그 고유 진동수와 같은 진동수를 가진 외력(外力)을 주기적으로 받아 진폭이 뚜렷하게 증가하는 현상'을 말합니다. 우리의 꿈과 관련해서는 '사상이나 감정, 행동 따위에 공감하여 자기도 그와 같이 따르려 함'이란 뜻도 있습니다. 진동수가 같은 소리굽쇠를 접근시켜 한쪽을 때리면 거기에 따라 다른 쪽 소리굽쇠도 같이 울리기 시작했던 것을 기억할 것입니다.

마찬가지로 나의 꿈과 비슷한 목표를 만나면 가슴이 울리기 시작합니다. '자기 삶의 목적'과 일치되는 목표는 '공명'하기 때문입니다. 우리의 심장과 세포 하나하나를 깨우게 됩니다. 만약 공명하지 않는 목표를 세운다면 어떻게 될까요? 텔레비전에서 보니 의사나 변호사, 펀드매니저 등 특정 직종이 돈을 잘 벌고 멋있어 보여 나의 비전으로 삼는다면, 혹은 친구가 공인회계사로 돈을 많이 버는 걸 보니 괜히 자존심이 상해 나도 같은 직종을 택한다면 그것을 공명되는 목표라고 말할 수는 없을 것입니다. 겉으로 그럴듯해 보이고 남들도 인정해 주니 잠깐 동안은 스스로 도취되어 우쭐한 기분이 들지 모르지만 자신이 진정 원해서 택한 길은 아니므로 언젠가는 후회할 날이 올지도 모릅니다. 뒤늦게나마 진정으로 하고 싶은 일을 찾는다 하더라도 지나간 시간을 되돌릴 수는 없기 때문입니다.

T(Thrilling), 흥분됩니까?

사람은 누구에게나 '발전 가능한 욕구'가 있습니다. 하나를 해냈으면 자연스럽게 둘을 해내고 싶은 마음이 있습니다. 인간관계도, 취미도 모두 마찬가지입니다. 즉, 현재의 우리 모습보다 더 나은 모습을 연상할 때 우리는 흥분됩니다. 거꾸로 말하면 현재의 나의 능력으로도 충분히 할 수 있는 목표는 우리를 흥분시키지 않습니다.

예를 들어 국가대표 역도 선수이자 올림픽 금메달리스트인 장미란 선수가 10킬로그램의 아령을 드는 것을 목표로 삼는다면 SMART의 관점에서 볼 때 이는 분명 구체적이고 측정 가능하며, 책임지고 잘할 수 있는 일입니다. 그러나 이 목표를 이룬다고 해서 궁극적으로 비전을 이루었다고 할 수는 없습니다.

마찬가지로, 평상시에도 한 달에 한 권 정도는 책을 읽던 사람이 앞으로도 계속 한 달에 한 권의 책을 읽는 것을 목표로 삼는다면 아무런 설렘이 없습니다. 현재 내가 할 수 있는 능력보다 더 나은 목표치를 가질 때 (이것을 스트레치 목표라고 합니다) 우리는 그것을 이룰 자신의 모습을 생각하고 가능성에 도전하게 됩니다.

Thrilling(흥분)이라는 단어는 Accountable(책임)이라는 단어와 균형을 이룹니다. 현실에 뿌리를 두지 않으면 몽상이요, 목표가 낮으면 소인이 되는 셈이니 우리의 목표는 현실에 든든히 뿌리를 내리고 있으면서도 시선은 하늘의 무한한 가능성을 향해 뻗어 있어야 합니다.

육체적인 건강, 친구와의 친밀한 관계, 혹은 부모님과의 신뢰 관계 등 무엇이든 이루고 싶은 꿈이 생겼다면 위와 같이 '똑똑하게(SMART)' 계획을 세워 보십시오. 실천 방법을 구체적으로 적용할 수 있을 것입니다.

'10대 뉴스'의 힘

지금부터는 장기 비전을 이루는 중기 목표의 비밀을 구체적으로 나누고자 합니다. 이는 바로 1년이 끝나는 시점에서 '10대 뉴스'를 만들어 주변 사람들에게 발표하는 것입니다.

특별한 양식이 있는 것은 아닙니다. 한 해를 마감하면서 내게 가장 의미가 있었던 10가지 사건들을 뽑아 보고 나의 꿈과 관련해 내년에 이루고 싶은 10가지를 작성해 보는 것입니다. 나는 해마다 마지막 달에 즐거운 마음으로 이 작업을 해 오고 있습니다. 처음에는 혼자서 하다가 이제는 몇몇 동료들과 삭자에게 일어난 일들을 나누며 함께하는 시간이 되었습니다. "아, 저 친구에게는 저런 의미 있는 일이 있었구나." 하면서 말입니다.

대개 연말이면 여러 가지 뉴스들이 신문과 인터넷을 장식합니다. 연예계 10대 뉴스, 정치계 10대 뉴스, 서울시 10대 뉴스. 이는 많은 사람들이 관심을 가지고 보는 기사이기도 합니다. 그런데 정작 자기 자신을 돌아보고 미래를 차분히 설계하는 사람은 많지 않습니다. 왜 그럴까요? 청소년 시기 때부턴 이런 자세가 습관화되어 있지 않기 때문입니다. 주변의 어른들에게 한번 물어보십시오.

"작년에 가장 의미 있었던 일 10가지만 말씀해 주세요. 그런 일들을 어떻게 정리해 놓으셨는지도 궁금합니다. 그리고 올해 계획하시는 일 10가지가 있다면 어떤 건지, 어떻게 정리해 놓으셨는지 말씀해 주세요."

아마도 'SMART' 하게 자신의 목표와 꿈을 이야기할 수 있는 성인은 그리 많지 않을 것입니다.

자신만의 10대 뉴스를 작성하면 세 가지 점이 좋습니다.

첫째, 과거를 돌아보며 자신을 성찰할 수 있는 시간을 가질 수 있습니다. 그동안 있었던 수많은 즐거운 일들과 괴로운 일들 중

10가지만 뽑아 봅니다. 그리고 수많은 사건 중에 왜 이 일들이 특별히 기억에 남는지를 정리해 봅시다. 이 같은 작업은 자신에 대해 더 잘 알 수 있게 만들어 줍니다.

둘째, 내년에 이루고 싶은 일을 계획하면서 자신의 꿈을 다시 한 번 점검할 수 있습니다. 새롭게 생긴 하고 싶은 일들 혹은 새롭게 생긴 인간관계로 인해 바뀐 사항들이 내가 이루고자 하는 장기 목표와 얼마나 맞는지, 혹은 장기 목표 자체가 올바르게 설정되어 있는지를 생각해 볼 수 있는 계기가 될 수 있습니다.

셋째, 이런 것들이 누적되어 기록된 내용은 무엇보다 자신을 잘 알 수 있는 자료가 됩니다. 1년, 5년, 10년, 30년간 쌓인 기록은 자신의 꿈의 궤적을 그릴 수 있는 훌륭한 자료가 됩니다. 무엇이든 원인이 없는 결과는 없습니다. 청소년 시기의 꿈, 사회 초년생 시절의 꿈, 중장년기의 꿈들이 하나씩 쌓여 각각의 시기에 가치 있고 의미 있는 꿈들이 무엇이었는지를 알 수 있는 소중한 사료가 될 수 있습니다.

참고로 저는 매년 초 10대 뉴스를 만들면, 플래너 앞쪽에 끼워서 늘 소지하고 다닙니다.

나는 그림으로 '시각화(visualize)' 하는 것을 좋아합니다. 글보다는 그림 한 컷만 보면 지난날 무슨 일이 있었고, 앞으로 무슨 일을 이루고 싶어 하는지 알 수 있도록 말입니다.

이렇듯 나만의 10대 뉴스를 작성하여 꿈을 이뤄 나가는 과정을 지켜본 주변 사람들 중에는 이 방식을 따라 10대 뉴스를 작성하는 사람들이 있습니다. 이제는 함께 모여 발표도 하고, 꿈도 나누고, 또 다른 사람의 꿈을 보면서 자신의 꿈도 키우고, 자신감도 가지게 되는 모습을 봅니다.

연말마다 나는 블로그에 이와 관련해 공지하는 글을 올리고 있습니다. 누구나 언제든 참여할 수 있습니다. 자신의 꿈을 매년 업데이트하기 바랍니다. 자신만의 이벤트를 기록함으로써 삶을 축제이자 놀이로 만들어 나가기 바랍니다.

비전을 이루는 일일 계획 세우기

세계 최초로 연봉 100만 달러 이상을 받은 사람이 있습니다. 그는 바로 찰스 슈왑이라는 사람입니다. 그는 서른여덟 살에 앤드루 카네기에 의해 채용되어 전문 경영인이 되었고 후에 베들레헴 강철 회사를 인수하여 자신의 기업을 미국에서 가장 수익이 높은 회사 중 하나로 만들었습니다. 다음은 그가 남긴 유명한 일화입니다.

베들레헴 강철 회사 사장이 된 찰스 슈왑은 늘 정신없이 바빴다. 그래서 아이비 리(Ivy Lee)라는 경영 컨설턴트에게 독특한 의뢰를 하게 된다. "내가 시간을 더 잘 이용할 수 있는 방법을 가르쳐 주시오. 정말 좋은 방법을 가르쳐 주면 가능한 범위 내에서 얼마든지 사례를 하겠소."

그러자 리는 종이 한 장을 건네주며 이렇게 말했다.

"내일 꼭 해야 하는 일 중에서 가장 중요한 것들을 적고, 중요도에 따라 순서대로 번호를 매기십시오. 내일 아침부터 시작해 1번 과제를 처리하기 시작해서 그 일을 다 마무리할 때까지 그 일에만 전념하십시오. 1번 과제가 마무리되면 다시 한 번 우선순위를 검토하고 2번 과제를 마무리하십시오.

역시 그 일을 마무리할 때까지 다른 일은 진행하지 마십시오. 2번 과제가 다 마무리되면 3번 과제로 넘어가십시오. 다 못하더라도 낙담하지 마십시오. 중요한 것은 매일 이렇게 해야 한다는 것입니다.

꼭 해야 하는 일들의 상대적 중요도를 검토하여 우선순위를 정하고 일일 계획표에 그 목록을 체크하면서 지켜 나가십시오. 이 방법이 가치가 있으면 그 가치를 판단하셔서 그만큼의 대가를 지불해 주십시오."

결과는 어땠을까요? 그의 말대로 실천한 슈왑은 몇 주 후 리에게 사례금으로 2만 5,000달러를 보냈습니다. 그리고 훗날 슈왑은 이 조언이 자신이 그동안 경영자로서 경험한 그 어떤 교훈보다 가장 가치 있는 것이었다고 말했습니다.

이 일화의 핵심은 바로 '중요한 일을 먼저 하라.'는 것입니다.

그러면 무엇이 중요한 일일까요? 우리의 삶에서 무엇이 중요한지 한번 돌아봅시다. 그것은 바로 우리의 꿈과 관련된 일입니다. 우리가 되고자 하는 일이자 하고자 하는 일입니다. 그것보다 중요한 것은 없습니다.

물론 우리는 긴급한 일들을 먼저 하는 경향이 있습니다. 그리고 긴급한 일들 중에는 정말로 중요한 일들도 있습니다. 가족 중 누군가가 크게 다쳤다면 무엇보다 가장 먼저 해야 할 일은 구급차를 불러 병원으로 가는 것입니다. 그 상황에서 그것보다 더 중

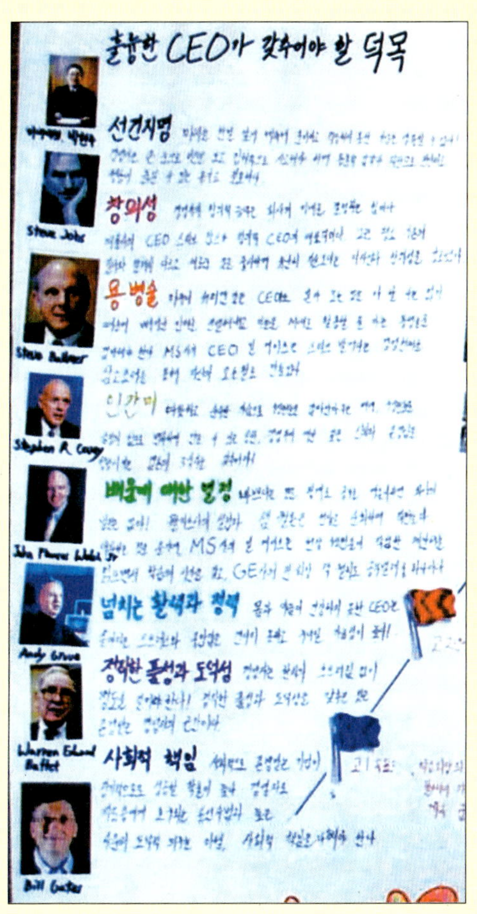

김충일 학생의 비전맵 중 일부
중학교 3학년 겨울방학에 〈훌륭한 CEO가 되기 위해 갖춰야 할 덕목〉을 조사하여 작성함.

요한 일은 없습니다.

　그러나 긴급한 일이 모두 중요한 일은 아닙니다. 사소한 가십 거리에 눈을 돌려서는 안 됩니다. 이는 우리의 인생에 아무런 영향력을 발휘하지 못합니다. 우리의 꿈과 상관없는 것들은 우리가 해야 할 일들의 목록에서 과감히 걸러 내야 합니다. 여기에는 용기가 필요합니다. 용기란 어려울 때 오히려 도전하는 대담함입니다. 대담한 사람은 다른 사람이 움츠러들 때 한 걸음 더 도약함으로써 발전하는 사람들입니다.

　한편, 긴급하지 않다고 해서 반드시 그 일이 중요하지 않은 것은 아니라는 사실을 유의해야 합니다. 긴급한 일은 아니지만 얼마든지 중요한 일이 있을 수 있습니다. 운동은 당장 해야 하는 긴급한 일은 아니지만 중요한 일입니다. 늙어서 병든 뒤 후회하며 그때서야 건강 관리를 해 봐야 아무 소용이 없습니다. 그때 하는 건강 관리는 시간과 비용도 많이 들 뿐 아니라 큰 효과를 보기도 어렵습니다. 속담 중에 "운동은 하루를 짧게 해 주지만 인생을 길게 해 준다."라는 말이 있습니다. 공부도 마찬가지입니다. 『나쁜

사마리아인』의 저자 장하준 교수는 이 책에서 다음과 같이 말했습니다.

내 여섯 살 아들인 진규에게 돈을 일찍 벌게 하겠다는 이유로 노동시장으로 몰아넣는다면 아이는 약삭빠른 구두닦이 소년이 될 수도 있고, 돈 잘 버는 행상이 될 수도 있다. 하지만 뇌수술 전문의나 핵물리학자가 되는 일은 결코 없을 것이다. 만일 아이가 그런 직업을 가지려면 앞으로 적어도 10년 이상의 세월 동안 보호와 투자를 해야 할 것이다.

매일 누적된 양을 해내야만 이룰 수 있는 일들이 있습니다. '우보천리(牛步千里)' 라는 말이 있습니다. 소의 걸음으로 천 리를 간다는 말입니다. 만약 자신이 이루고자 하는 꿈이 꾸준히 시간을 투자해야 하는 일이라면 신급한 일은 아니더라도 한 걸음 한 걸음을 쉼 없이 내디뎌야 합니다.

일일
계획대로
살아가기

일일 계획대로 생활하기 위해 우리의 목표는 최소 노력으로 최대의 효과를 거두는 것이 되어야 합니다.

먼저 '효과적'인 시간 관리와 '효율적'인 시간 관리를 다시 한 번 짚고 넘어가 봅시다. 효과적이라는 것은 효율적인 것을 올바른 방향으로 하는 것을 말합니다.

다음 일화를 살펴봅시다.

한 나그네가 강을 따라 걷고 있는데 한 청년이 허우적거리며 떠내려

오고 있었다. 나그네는 일단 사람을 구해야 한다는 마음에 물에 뛰

어들어 온 힘을 다해 청년을 구해 냈다.

간신히 끌어내고 정신을 차리고 있는데 한 소녀가 또 허우적거리며

떠내려오고 있는 것이 아닌가. 몸은 지쳤지만 다시 뛰어들어, 있는

힘을 다해 소녀의 생명을 구해 냈다. 이제는 팔의 힘이 다 빠져 강둑

에 누워 있는데 또 한 어린이가 떠내려오고 있는 것이다.

이제는 거의 녹초가 되었지만 또다시 비틀거리며 일어나 어린이를

구하려고 뛰어내리려는 순간 강둑을 바라보자, 한 장면을 목격하게

된다. 바로 뿔 달린 괴물이 다리를 지나는 사람을 계속 강물로 던지

고 있는 모습이었다. 자, 어떻게 하겠는가? 계속 물속으로 뛰어들겠

는가? 아니면 괴물을 잡으러 가겠는가?

오늘날을 살아가는 우리는 모두들 바쁘다는 말을 입에 달고

살고, 실제로도 바쁘게 살아가고 있습니다. 특히 대한민국의 청

소년들은 더욱 그렇습니다. 하지만 도대체 그렇게 바쁜 이유가

무엇일까요? 정말 중요한 일로 바쁜 것일까요?

시간 관리를 해야겠다는 구체적인 중장기 목표를 항상 점검해야 하는 이유와 중요성은 아무리 이야기해도 지나치지 않답니다.

1. 먼저 나를 분석하라

요즘 최신형 휴대전화를 보면 MP3, 카메라, 다이어리, DMB, 각종 게임 등 다양한 기능이 내장되어 있습니다. 휴대전화를 새로 사면 어떤 사람은 매뉴얼부터 꼼꼼히 살펴봅니다. 그 내용을 충분히 숙지한 뒤에 실행 메뉴 등을 연습하여 내장된 기능을 100퍼센트 활용합니다. 하지만 어떤 사람은 같은 휴대전화를 사고도 통화와 문자 기능만 사용하기도 합니다.

우선 이는 대상의 기능을 철저히 알고 사용하느냐 그렇지 않느냐의 차이일 것입니다. 정확한 답을 찾기 위해 두 개의 사례를 비교해 보고자 합니다. 첫 번째는 세상에서 가장 한가로운 사람의 일상입니다.

매일 운동과 산책을 즐김.

한 해 평균 60여 차례 공연을 관람함.

동료, 후배, 지인들에게 편지 쓰기를 즐김.

수면 시간은 평균 8시간.

듣기만 해도 부러운 삶입니다. 얼마나 시간이 많으면 매일 운동과 산책을 하고, 그것도 모자라 매주 1~2회씩 문화 활동을 하면서 지인과 친구들에게 편지 쓰기를 즐길 수 있을까요? 그러면서도 하루 평균 8시간이나 수면을 취한다고 하니 혹시 직업이 없는 백수이거나 엄청난 유산을 받아서 한가로이 인생을 즐기는 한량이 아닐까 하는 생각이 듭니다.

두 번째는 누구보다 바쁘고 힘든 나날을 보낸 한 곤충학자의 삶입니다.

자국 러시아의 격변기(전쟁 시기)를 살아감.

전쟁 중에 두 아들이 전사함.

학회에서 정치적인 이유로 따돌림을 당함.

그런데 이런 삶을 살면서도 그가 이루어 낸 업적은 실로 놀랍
기만 합니다.

평생 70권의 학술 서적 저술.

1만 2,500장의 연구 논문 작성(단행본으로 치면 100권).

한 해에만 표본 35상자에 1만 3,000마리의 곤충 표본 만듦(개인 수

집 자료가 러시아 동물연구소 보관 자료보다 6배나 많음).

어떻게 이렇게 힘든 와중에서도 한 인간이 이런 업적을 이루어
낼 수 있을까요? 앞의 한량의 삶과는 너무도 비교되는 삶이 아닐
수 없습니다. 그런데 놀라운 것은 이 두 사람이 같은 사람이라는
사실입니다. 그는 바로 1972년 여든둘의 나이로 세상을 마감한
러시아의 곤충학자 알렉산드로 알렉산드로비치 류비세프입니다.

같은 삶을 살아도 이렇듯 많은 업적을 남기면서도 여유로운

삶을 사는 사람이 있는 반면, 별로 이룬 것이 없다며 한탄하면서도 쫓기듯 늘 분주한 삶을 사는 사람들이 있습니다. 그 차이는 무엇일까요? 류비셰프의 삶에는 철저한 자기 평가가 있었습니다. 그는 만 스물여섯 살에 시간 통계를 내겠다고 마음먹은 후 자신과의 약속을 지켜 죽을 때까지 기록을 멈추지 않았습니다. 그리고 그는 수많은 시행착오를 거쳐 마흔일곱 살이 되어서야 (21년의 실험 기간) 제대로 된 체계를 갖추기 시작했습니다. 그의 연말 결산을 보면 다음과 같은 문구가 눈에 띕니다.

제1분류의 업무는 원래 570단위 시간으로 계획되었는데 564.5단위 시간밖에 채우지 못함. 5.5단위 시간이 부족한 1퍼센트의 오차가 남.

즉, 그는 철저한 자기 분석을 통해 한 해에 책은 몇 권이나 읽었는지, 매년 독서량이 늘고 있는지 줄고 있는지, 그중 학술 서적과 문학 서적의 비율은 어떠한지, 이동한 시간과 운동하는 시간이 어느 정도가 되는지를 파악해 다음 해 계획을 짤 때 이를 반영

했습니다. 여기에는 막연한 기대치나 환상이 존재하지 않았습니다. 다양한 분야(수학, 분류학, 진화론, 곤충학, 과학사)의 연구를 진행했던 그가 70세가 넘어서까지 각 분야에서 현저한 업적을 이룰 수 있었던 것도 이러한 철저한 자기 분석을 통해 계획하고 실천했기 때문이었습니다.

사실 보통 사람이 이 정도의 분석과 분류, 계획을 세우기는 어렵습니다. 나의 경우도 마찬가지입니다. 하지만 매달 1회 자산 관리 체크와 매주 1회 사명서 점검에 따른 주간 계획 및 일일 플래닝 실천을 통해 주마다 진행하는 규칙적인 운동과 독서량, 그리고 글쓰기, 강연의 분량, 향후 자산의 크기를 어느 정도 예측할 수 있는 수준에는 도달했습니다. 꾸준히 체크를 하다 보면 새로운 일이 생길 때 이 일이 어느 정도 걸릴지 조금 더 빨리 파악할 수 있다는 장점이 있습니다.

여러분은 어떻습니까? 우리는 우리 자신에 대해 얼마나 알고 있는지 점검해 보아야 합니다. 현재 어떤 모습으로 변하고 있는지, 일에 대한 열정, 취향, 관심사는 어떻게 바뀌고 있는지, 학습 능력은 떨어지고 있는지 높아지고 있는지, 자신에 대한 철저한 이해가 없이는 효율적인 삶을 살기 어렵습니다. 휴대전화 하나를 사도 매뉴얼까지 꼼꼼하게 확인하고 외우다시피 하는 노력을 기울이면서 그보다 훨씬 가치 있는 자기 자신에 대해서는 어떤 기능이 어떻게 작동하는지 관심을 기울이는 사람이 많지 않다는 사실은 참으로 아이러니한 일이 아닐 수 없습니다.

2. 파레토의 법칙

이탈리아의 경제학자 파레토를 주목해 볼 필요가 있습니다. 그는 세상의 생산성을 오랫동안 관찰하고 그 결과 유명한 법칙을 내놓았는데, 그것이 바로 8:2로 표시되는 파레토 법칙입니다. 일반 사회로 치면 결과의 80퍼센트는 20퍼센트의 원인 때문이라는 의미로도 해석할 수 있습니다. 은행 자금의 80퍼센트는 20퍼센트의 우량 고객의 돈이며, 빵 집에서 잘 팔리는 빵의 20퍼센트가 전체 매출의 80퍼센트를 차지하기도 합니다.

이를 공부에 적용해 본다면 실제 집중하여 공부한 20퍼센트의 시간이 성적의 80퍼센트를 차지한다는 것입니다. 나의 경우도 비슷합니다. 읽은 책의 20퍼센트가 강의에 80퍼센트 사용되며 가르칠 수 있는 프로그램의 20퍼센트가 수입의 80퍼센트를 차지하고 있습니다.

이를 그대로 시간 관리에 적용해 봅시다. 우리가 원하는 결과의 80퍼센트를 차지하는 20퍼센트의 요인은 무엇입니까? 그 요인을 찾아낸 후에는 집중적인 관리가 필요합니다. 나머지 80퍼센트의 시간에 대해 스트레스를 받을 필요가 없습니다. 그 시간을 통틀어 나오는 생산성은 전체의 20퍼센트일 뿐입니다. 나머지 20퍼센트를 조금이라도 높이는 데 사용하다 보면 점점 시간적인 여유가 생기면서 생산성이 높아지는 것을 확인할 수 있을 것입니다.

내가 원하는 결과의 80퍼센트를 창출하는 20퍼센트의 요인은 무엇입니까?

류비세프가 하루를 통계냈을 때 자신이 생각하는 가장 중요한 일에 소모된 시간은 하루 평균 5시간 13분이었다고 합니다. 그렇게 많은 일을 해냈음에도 불구하고 결국 그 모든 결과의 원인은 5시간(20퍼센트)의 집중도에 있었다는 것입니다.

3. 몰입의 법칙을 이해하라

서울대학교 재료공학부 황농문 교수가 쓴 『몰입 (Think hard)』
의 서평에 이런 구절이 있습니다.

> 1분밖에 생각할 줄 모르는 사람은 1분 걸려서 해결할 수 있는 문제
> 밖에 못 푼다. 60분 생각할 수 있는 사람은 그보다 60배나 난이도
> 가 높은 문제를 해결할 수 있으며, 10시간 생각하는 사람은 600배
> 나 난이도가 높은 문제를 해결할 수 있다.

결국 내가 얼마나 심도 있는 생각을 할 수 있느냐가 인생의 깊
이를 결정하게 된다는 말입니다.

혹시 우리가 열심히 공부하고 있다고 스스로를 속일 때가 있
지는 않습니까? 나의 학창시절을 돌아보면 이런 일들이 많았습
니다.

- 독서실에 가기 위해 집에서 나가기(공부도 안 하면서 뿌듯한 마음으로 감).

- 친구랑 잡담하면서 수능 교육 프로그램이 나오는 텔레비전 켜 놓기(괜히 위안이 됨).

- 옆에 책을 쌓아 놓고 딴 생각하기(역시 위안만 됨. 다만 위안 효과는 그때뿐임).

- 문제집을 많이 풀어 놓고 채점도 안 하고, 틀린 것 재점검도 하지 않고 공부 많이 했다고 착각하기.

결국 하나의 일을 할 때 실제 그 일에 집중하고, 중요한 일일수록 방해받지 않는 시간을 확보하는 것이 중요합니다.

'45분의 법칙'이라는 것이 있습니다. 45분이라는 시간은 내가 어떤 일을 하다가 방해를 받고 다시 그 일을 하기 위해 심리적으로 전과 같은 수준으로 전환될 때까지 걸리는 시간을 말합니다. 이런 식으로 비유하자면 깊은 사고를 요하는 문제를 풀 때 30분마다 방해를 받으면 결국 8시간을 앉아 있어도 그저 그런 수준의 결과물밖에 내지 못하는 셈이 됩니다.

세계적인 석학도 중간 중간 낭비되고 있는 시간을 점검하며 끊임없이 노력하고 있는 것입니다. 우리는 자투리 시간 혹은 무가치하게 흘러가는 시간을 어떻게 활용하고 있습니까? 10분이라는 자투리 시간이 남았다면 10분간 할 수 있는 일을 하면 됩니다. 만약 그 시간을 그대로 허비하면 10분간 할 수 있는 일들이 모여 큰 부담이 되어 돌아올 것입니다.

나는 일상생활에서 꼭 해야 할 일들 말고도(회사 생활, 강의하기, 글쓰기, 가족과 시간 보내기) 일주일에 4~5권 정도의 책을 읽고 있습니다. 방법은 간단합니다. 몰입할 수 있는 시간대나 장소에 따라 알맞은 책을 곳곳에 배치하는 것입니다. 화장실에는 각 장이 끊어지는 상식 책이나 유머집을 비치해 둡니다. 그리고 휴가 때는 장편소설을 준비합니다. 잠자리에서는 수면이 방해받지 않도록 긍정적인 메시지를 담은 책들이나 짧게 암기할 수 있는 책들을 준비합니다.

새벽 시간이나 회사 생활 중에 짬짬이 보는 책들은 대개 실용적인 책들입니다. 여행을 다니거나 장거리 출장을 갈 때는 포켓

북(주머니에 넣고 다닐 수 있게 작게 만든 책)이나 PDA에 전자책 몇 권을 넣어 다닙니다.

여러분은 어떻습니까? 짧은 시간 동안 외울 수 있는 짧은 메모 혹은 플래너 뒤에 끼워져 있는 단어 암기장, 곳곳에 비치되어 있는 책들, 그리고 MP3에 넣어 놓을 수 있는 명연설이나 오디오북 등 시간을 잘 관리하는 방법은 여러 가지가 있습니다. 우리는 그중 선택만 하면 됩니다.

반드시 실행해 보아라

나는 '옛말'을 좋아합니다. 성인들의 교훈이나 속담 등이 오랫동안 전해져 내려온 이유는 그만큼 보편타당한 이유가 있기 때문입니다. 중국의 성인으로 추대받는 공자가 한 말 중에 이런 구절이 있습니다.

"들은 것은 잊어버리고, 본 것은 기억하며, 해 본 것은 이해가 된다."

이 글을 읽고 기억나는 것이 있다면 꼭 실천해 보기 바랍니다.

반드시 실천해 봐야 하는 이유는 그래야만 자신의 삶을 이해할 수 있기 때문입니다. 지금까지 내가 말한 내용들은 저 자신이 직접 실천하고 효과를 본 경험들입니다.

　세상에 수없이 많은 옷이 있지만 치수와 색상이 내게 맞아야만 비로소 내 옷이 될 수 있습니다. 마찬가지로 세상에는 수많은 이론들이 있지만 이 이론들이 내 것이 되기 위해서는 직접 도전하고 실천해 보아야 합니다. 우리 모두에게 어제와 다른 변화가 있기를 소원합니다. 더 궁금한 점이 있으면 나의 홈페이지(http://yangcoach.com)를 방문해 글을 남겨 주시기 바랍니다.

매향여자정보고등학교 3학년 손혜인

곧 사회 생활을 할 실업계 학생이라면 시간 관리는 더욱 절실합니다. 3년 동안 시간을 잘 보내야만 사회에 나가서 더 많은 기회를 가질 수 있기 때문입니다.

요즈음 수능 준비에 바쁜 플래너 활용의 고수, 모교의 사회 선생님이 되고픈 손혜인 학생의 솔직한 시간 관리 이야기를 소개합니다.

우선순위를 모른 채 즉흥적으로 행동하다

나는 아침 6시에 일어나(그래야 아침 식사를 할 시간이 있습니다) 학교 갈 준비를 합니다. 여느 학생들처럼 씻고 밥을 먹고 교복을 입은 후 집을 나섭니다.

그런데도 나는 지각을 자주 하는 편입니다. 이에 대해서는 입이 열 개라도 할 말이 없습니다. 주위 학교들(특히 인문계)의 등교 시간이 7시 30분~50분 사이인 데 비해 우리 학교는 등교 시간이 8시입니다. 집에서 학교까지는 버스로 15분, 넉넉 잡아 20분이면 도착하는 거리입니다. 그런데 왜 지각을 하냐고요? '어젯밤 미뤄 둔 가방 챙기기' 때문입니다.

나는 늘 우선순위를 정해 놓지 않고 사는 것 같습니다. 내일 아무리 수행평가가 있어도 지금 하고 있는 일이 영어 단어 암기라면 영어 단어를 외웁니다. 영어 단어를 암기하고 난 다음에 수행평가 준비를 하는 식이지요. 도중에 배가 고프다면? 일단 밥부터 먹습니다. 그리고 난 뒤 수행평가 준비를 계속하지요. 말 그대로 하고 싶은 순서대로, 생각나는 대로 일을 처리합니다. 하고 싶은 일부터 다 처리하고 난 다음에 중요한 일(대부분 내가 하기 싫어하는 것이 중요한 일일 가능성이 큼)을 시작하기 때문에 늘 시간에 쫓기게 됩니다. 일단 당장 급하고 중요한 건 수행평가인데 내일 해도 되는, 별로 중요하지 않은 영어 단어 암기로 시간에 쫓길 때가 많은 것이 문제입니다.

새벽 2시를 훌쩍 넘기면서까지 수행평가 준비를 하지만 결국 완성하지는 못합니다. 결국 피로에 지친 몸은 침대를 찾고, 아침에 엄마가 깨워(안 깨우시면 절대 못 일어남) 간신히 6시에 일어납니다. 일어나자마자 미완성한 수행평가를 조금 더 하고 가방을 챙기고, 급하게 씻고, 밥 먹고, 교복 입고, 뛰어서 버스정류장까지 가서 버스를 타 보지만 늘 2분씩 지각입니다.

늘 이런 패턴이 반복됩니다. 무엇이 중요한 일인지 모른 채 하고 싶은 대로, 생각나는 대로 일을 처리하다 보니 늘 피곤에 지쳐 있는 나를 발견하곤 합니다.

플래너 활용을 통해 시간 관리에 입문하다

중학교 때에는 시간 관리를 해야 할 필요성을 느끼지 못했습니다. 따로 일일계획표가 있었던 것도 아니고, 그런 만큼 '이것만큼은 오늘 꼭 하겠다.'라는 생각도 없었습니다. 내가 해야 할 일이 생기면 머릿속으로 기억해 두었다가 생각이 나면 실행에 옮기는 성도였습니다. 플래너를 알기 전까지는(사실 부끄럽게도 나는 플래너라는 게 있는 줄도 몰랐음) 고등학교 1학년 초창기에는 휴대전화에 있는 메뉴 중 '일정 관리'라는

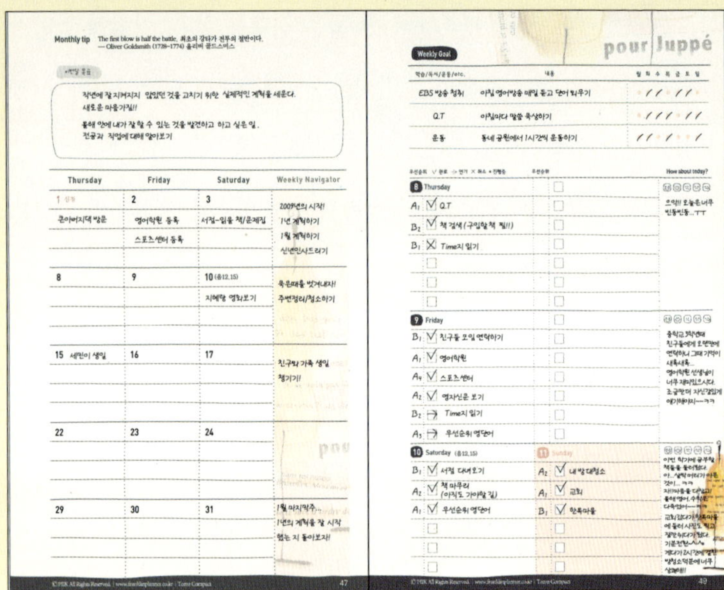

손혜인 학생의 플래너 〈마음 관리와 주간 계획〉

것도 사용해 보았지만 수업 시간에 휴대전화를 열어 볼 수도 없고, 휴대전화를 여는 순간 문자를 하느라 해야 할 일을 잊어버리기 일쑤였습니다.

그러다가 우연히 학교에서 플래너 쓰는 것을 알게 된 후로 일의 우선순위를 매길 수 있게 되었습니다. 해야 할 일의 우선순위를 정해 놓고 일 처리를 하다 보니 똑같은 일을 해도 소비되는 시간이 달라졌습니다. 또한 순서대로 차근차근 처리하다 보니 일의 결과에 대한 확인 여부를 체크할 때 큰 성취감이 있었습니다. 무슨 공부를 해야 하나 고민할 틈도 없이 순서대로 일을 해 나가니 쉴 수 있는 시간도 늘고, 무엇보다 벼락치기할 때는 느끼지 못했던 마음의 여유가 생겼습니다. 성적도 시간 관리를 하기 전보다 많이 올랐습니다. 이렇게 성적이 오르다 보니 자신감도 생기고 내 꿈에 대해서도 진지하게 생각해 보게 되었습니다.

나만의 Tip : 친구 사진과 다짐의 말로 힘을 얻다

플래너에 주간 계획을 세우기 전, 한 주간의 마음 관리를 위해 친구들의 사진을 붙여 놓습니다. 중학교 때까지 함께 열심히 공부했던 친구들의 사진 옆에 약속들을 적는 것입니다. "고등학교 졸업할 때 정말 성공한 모습으로 다시 만나자. 너에게 부끄럽지 않은 친구가 되기 위해 노력할게. 전교 1등!" 등의 약속을 하는 것입니다. 그렇게 하면 나의 마음을 다시 추스르는 데 도움이 되고 그 친구의 얼굴을 볼 때마다 더욱 힘이 나곤 합니다.

PART 04
시간 도둑을
제거하라
- 장애물 극복

논문을 준비 중이다.

주정미 (한국청소년리더십센터 전문위원)
진로를 정하지 못해 방황의 시간을 보냈다. 그러던 어느
날 운명처럼 리더십 교육을 받았고, 청소년들을 만났다.
현재는 국제인증 NLP 마스터 프랙티셔너로 활동하고
있다. '삶으로 가르치는 교육자'라는 사명으로 청소년들
을 만나고 있으며, 더 나은 도움을 주기 위해 진로코칭
논문을 준비 중이다.

해야 할 일을
제 시간에
끝내기

흔히 '내일부터, 조금 있다가, 이것만 하고, 나중에' 이런 생각을 한 경험이 있을 것입니다. 시간 도둑은 조용히 주위를 맴돌다가 방심하는 틈을 타 우리의 귀한 시간을 빼앗아 갑니다.

미루는 습관은 우리로 하여금 급한 일, 중요한 일이 아닌 그 반대의 일을 선택하도록 만듭니다. 해야 할 일을 미루는 일이 어떤 결과를 초래할지 미처 생각하지 못하는 경우도 있지만 때로는 그 결과를 알면서도 "에라 모르겠다." 하는 심정으로 미루는 세계 초일류 기업인 마이크로소프트의 전 회장 빌 게이츠가 2주 동안의 '사고 주간(Think week)'을 갖는 것이나, IBM의 경영철학인 'Think smart', 참신한 아이디어 상품의 천국 3M 등은 모두 몰입을 통해 개인의 능력을 최고로 끌어올림으로써, 회사를 업계 1위로 우뚝 서게 만들었습니다. 단순 사무 직원이 10시간을 넘게 자리에 앉아 있었더라도 빌 게이츠처럼 2주를 쉬면서 생각만 한 사람보다 더 넓고 깊이 있게 미래를 준비하지 못하는 결과를 보면 새삼 몰입의 중요성을 실감하게 됩니다.

4. 자투리 시간을 활용하라

우리는 한 번쯤 우리가 의식하지 못하고 흘려보내는 시간들을 분석해 볼 필요가 있습니다. 피터 드러커는 비서에게 9개월마다 한 번씩 3주라는 기간 동안 자신이 일한 시간을 통계내 달라고 부탁했습니다. 그리고 그 결과를 보고는 "아니, 5~6년 동안 게속 점검을 해 왔는데 이렇게 많은 시간을 허비하고 있다니, 이건 말도 안 돼!"라며 화를 냈다고 합니다.

경우가 문제입니다.

우리는 왜 해야 할 일을 미루는 걸까요?

기분이 나쁘고 초조해지기 위해서 할 일을 미루는 사람은 없습니다. 단지 그 일이 하고 싶은 일이 아닐 때, 지루하거나 어려운 일을 지속해야 할 때, 다른 일 때문에 기분이 좋지 않을 때는 해야 할 일을 미루고 게으름을 피웁니다.

할 일을 제 시간에 하지 않으면 어떤 문제가 생길까요?

일을 뒤로 미루는 사람들은 지각이 잦고, 과제를 완성하지 못하거나 준비물을 제대로 챙기지 못하는 경우가 많습니다. 시험 대비도 몰아서 하기 때문에 평소에는 걱정이 없고 여유 있어 보일지 모르지만 결국 마지막에는 엄청난 스트레스를 받습니다. 일을 급하게 처리하느라 마무리를 제대로 못하고 실수가 잦아 원하는 만큼 좋은 결과를 얻을 수도 없습니다.

지금 미루는 것은 미래의 시간을 앞당겨 쓰는 것

나는 '미루기의 여왕'이었습니다. 아침 출발 준비를 미루다 시간에 쫓겨 등교하는 일이 빈번했고, 뛰는 걸로 부족한 날에는 꾸중을 감수하면서 출근하시는 아버지의 차를 얻어 탈 수밖에 없었습니다. 학교 숙제는 쉬는 시간에 친구들의 것을 베꼈습니다. 무서운 영어 선생님이 질문이라도 하시는 날에는 등줄기에서 식은땀이 주르륵 흘렀습니다. 시험은 늘 일주일 벼락치기로 승부를 보았기에 항상 안타까운 실수를 범하곤 했습니다.

모든 일을 미루는 습관은 갈수록 심해져 몇 분이면 할 수 있는 간단한 일조차 미루게 되었습니다. '어떻게든 되겠지.' 하는 마음으로 학원에도 가지 않고, 귀찮다는 핑계로 잠자리에 들기 전까지 교복을 벗지 않고 있다가 엄마에게 혼이 난 적도 있었습니다.

어른이 된 후에는 어땠을까요?

오랜 시간 동안 미루는 것은 습관이 되어 좀처럼 떨어지지 않았습니다. "예전에도 늘 괜찮았잖아.' 라는 마음의 소리는 더욱 커졌습니다. 대학생이 되자 억지로 해야 하는 일은 줄어들었습니다. 멋진 대학 시절을 보내리라 다짐했지만 결국 시간을 효과적으로 사용하지 못하고 미루는 습관을 벗 삼아 빈둥거리기가 다반사였습니다.

결과는 참혹했습니다. 단답형이 아닌, 생각을 묻는 대학 시험에서 벼락치기로는 실력을 속일 수 없었습니다. 잦은 지각과 마감 시간이 임박해 제출한 엉성한 리포트는 낮은 학점으로 돌아왔습니다.

4학년 졸업을 앞두고 1학년 때 받은 낮은 성적을 메우기 위해 정말 힘들게 공부를 한 기억이 납니다. '그때 리포트 제출을 미루지만 않았더라도, 빈둥거리지 않고 5분만 일찍 출발했더라도 미래를 위해 좀 더 성실하게 준비할 수 있었을 텐데…….' 하는 아쉬움이 아직도 남습니다.

지금 할 일을 미루는 것은 미래의 시간을 앞당겨 쓰는 것과 같습니다. 빈둥거리며 현재의 시간을 낭비한다면 원치 않는 미래를 맞이하게 됩니다. 지난 과오로 인해 바빠진 현재를 감당하기 벅차서 미래를 위해 준비할 시간은 항상 부족하게 됩니다. 결국 원하는 미래는 점점 멀어지는 악순환이 반복됩니다.

무엇보다 미루는 습관의 가장 큰 해악은 자신에 대한 불신입니다. 계속해서 일을 미루는 습관의 유혹에 넘어간다면 자존심은 빠른 속도로 추락하게 됩니다.

'미루기 시간 도둑' 퇴치법

마트에 가면 반짝 세일이라는 것이 있습니다. 정해진 시간에만 특가로 상품을 판매합니다. 타이밍을 잘 맞추면 오렌지 하나를 100원에 구입할 수도 있습니다. 하지만 타이밍을 놓친 사람은 오렌지를 먹기 위해 1,000원을 지불해야 합니다. 똑같은 오렌지를 구입하는 데 10배의 가격 차이가 생긴 이유는 무엇일까요?

모든 일에는 적절한 타이밍이 있습니다. 타이밍을 잘 맞추면 신선한 오렌지를 값싸게 구입할 수 있습니다. 요즘 말로 '공신(공부 잘하는 신)' 들의 증언에 따르면 수업 후에 바로 하는 5분간의 복습은 한 달 뒤 한 시간 공부 효과에 버금간다고 합니다.

미루기에 현혹되지 않고 타이밍을 맞추려면 어떻게 해야 할까요?

미루기에는 '사인' 이 있습니다. "나중에 하지 뭐.", "5분만 이

따가 하지." 이런 생각이 바로 그것입니다. 이런 생각은 우리로 하여금 중요하지 않은 일을 먼저 하도록 만듭니다. 그러나 동시에 가까운 곳에 시간 도둑이 있음을 알려 주는 조용한 비상벨이기도 합니다.

이런 비상벨이 울렸을 때 유혹을 견디고 나에게 더 중요한 일을 선택할 수 있도록 돕는 방법 몇 가지를 소개하려고 합니다.

TIP 1. 구체적인 예상 경로를 작성하라

해야 할 일을 구체적으로 알지 못할 때 많은 시간이 낭비됩니다. 자신의 기대 능력과 실제 능력의 차이가 적을수록 과제의 완성도는 높아집니다. 실현 가능성이 높은 계획은 성공 경험으로 이어지고, 이어지는 과제에 대한 의욕을 높여 줍니다.

① 우선 오늘 해야 할 일을 모두 적습니다.

예) 영어 지문 3개 독해, 수학 문제집 5페이지 풀기, 수행평가 프린트

채우기

② 물건을 사기 전에 비용을 예산하듯이, 예상 시간도 함께 적어 봅니다.

예) 영어 지문 3개 독해(30분), 수학 문제집 5페이지 풀기(50분),

수행평가 프린트 채우기(25분)

③ 활동의 우선순위를 정합니다. 이번 달 목표에 부합하면서 시급하게 해결해야 하는 일이 1순위입니다.

3 영어 지문 3개 독해(30분)

2 수학 문제집 5페이지 풀기(50분)

1 수행평가 프린트 채우기(25분)

④ 작업을 마친 뒤 실제로 소요된 시간을 적습니다.

〈완료 예시〉

3 영어 지문 3개 독해(30~35분)

2 수학 문제집 5페이지 풀기(50~40분)

1 수행평가 프린트 채우기(25~20분)

TIP 2. 연장 통을 준비하라

예전에 나의 부모님은 집에서 옷을 만드셨습니다. 시끄러운 기계들이 쉬지 않고 옷을 만들어 냈습니다. 기계 소리가 우렁찰수록 우리 가족은 좀 더 편안한 삶을 살 수 있었습니다. 간혹 기계가 멈출 때도 있었지만 다시 움직이는 데 오랜 시간이 걸리지는 않았습니다.

이것은 모두 아버지의 빨간 연장 통 덕분이었습니다. 연장 통에는 망치며 드릴, 나사에 소량의 기름까지 수리에 필요한 물품들이 들어 있었습니다. 기계를 움직이기 전에 연장 통에 필요한 물건을 미리 준비해 놓으면 급할 때에 찾으러 다닐 필요가 없어 많은 시간을 아낄 수 있었습니다.

우리도 작업을 시작하기 전에 필요한 것이 무엇인지 잠시 생각해 봅시다. 작업을 위해 필요한 물건을 미리 준비해 놓습니다. 손이 닿는 곳에 필기도구가 있는지, 필요한 교재는 책상 위에 가지런히 놓여 있는지 확인합니다.

TIP 3. 희극과 비극의 시나리오를 만들라

책상에 앉았다고 해서 일을 미루려는 마음의 유혹이 사라진 것은 아닙니다. 이런 마음은 작은 물건을 크게 보이게 하고 중요하지 않은 생각을 중요한 것처럼 오해하게 만듭니다.

일을 미루는 습관의 마지막 유혹에서 벗어나기 위해 내가 자주 사용하는 방법은 희극과 비극의 시나리오 작성입니다.

먼저 포스트잇 두 장을 준비합니다.

공부를 하다가 잡다한 일부터 하라는 유혹이 시작되면 포스트잇 한 장에 행복한 희극의 시나리오를 간단하게 적습니다.

예) 나는 문제집 3장을 멋지게 풀어 낸다. 엄마한테 가서 자랑한다. 엄마가 잘했다고 칭찬하신다. 기분이 좋아지고 자신감이 생긴다.

일을 미루려는 마음이 약해짐을 즉각 느낄 수 있습니다. 만약 다시 스멀스멀 미루기의 유혹의 기운이 올라오기 시작하면 다른 포스트잇 한 장에 비극의 시나리오를 적습니다.

예) 이 문제집을 못 풀면 과외 선생님한테 혼난다. 과외 선생님이 엄마한테 전화하고, 저녁 먹는 내내 싫은 소리를 듣다가 용돈까지 깎인다.

강철이 단단한 것은 고온의 열처리와 저온의 담금질 덕분이라고 합니다. 미루기를 극복하기 위해서는 목표를 향한 뜨거운 집중력과 유혹을 이기는 냉철한 의지가 필요합니다. 여러 차례 미루려는 마음의 유혹을 물리쳤다고 해도 쉽게 마음을 놓을 수는 없습니다. 미루려는 마음은 사라지지 않고 주위를 맴돌다 기회를 발견하면 또다시 우리의 의지를 시험하려 할 것이기 때문입니다. 하지만 여러 차례 이런 유혹을 극복한 인간의 의지는 무쇠보다 강합니다. 그에 따른 선물도 아주 큽니다. 해냈다는 자신감과 함께 목표를 이룸으로써 빛나는 미래가 그 찬란한 선물입니다.

이제는 승자가 될 시간입니다. 우리는 이를 위해 무엇을 해야 할까요? '지금' 스스로에게 다짐하고 '바로' 시작하기 바랍니다.

중독에서
벗어나기

'거실에 켜져 있는 텔레비전, 24시간 사용 대기 중인 컴퓨터, 언제든 친구에게 말을 걸 수 있는 휴대전화'는 우리가 방심한 틈을 타 우리의 시간을 훔쳐 가는 시간 도둑입니다.

해로움에도 불구하고 자기 조절력을 잃고 부정적인 행동을 반복하는 것을 중독이라고 합니다. 중독이라고 하면 알코올 중독이나 약물 중독 등 물질에 의한 중독을 떠올리기 쉽지만 도박과 같이 자신의 행동을 절제하지 못하고 일상생활에 지장을 주는 행위가 반복된다면 이 역시 중독을 의심해야 합니다.

중독성 습관을 조심하라

외국 드라마를 교재 삼아 영어 공부하기가 유행이었던 적이 있습니다. 지금은 외국 드라마 시청이 일반화되었지만 예전에는 드라마를 통한 영어 공부는 매우 신선한 방법으로 여겨졌습니다. 나 역시 영어 공부를 위해 재미있는 드라마 시리즈를 구해 처음에는 자막을 가리고 내용을 유추해 가며 보곤 했습니다. 이해가 안 되는 장면이 생겨도 곧바로 자막을 보지 않고 반복 시청으로 내용을 파악하려고 노력했습니다.

그런데 시간이 지나 드라마 내용에 빠져들면서부터 문제가 생겼습니다. 앉아서 보기보다는 누워서 보는 시간이 늘어나고 다음 내용이 궁금해 하루에 여러 편을 보기도 했습니다. 제일 먼저 치운 것은 답답한 자막 가리개였습니다. 그렇게 딱 한 편만 더 봐야지 하던 것이 주말 내내 드라마만 본 날도 생겼습니다. 드라마를 보는 동안 시간은 금방 지나가 버리고, 해야 할 과제와 약속은 귀찮은 방해물로 여겨지기 시작했습니다.

지피지기면 백전백승

시간 관리를 할 때 특별히 텔레비전, 컴퓨터, 휴대전화 사용을 주의해야 하는 이유는 이러한 것들이 중독성이 매우 강하기 때문입니다. 중독은 본래의 목적을 잊고 덜 중요한 일에 눈과 귀를 멀게 합니다. 엉뚱한 곳으로 정신을 향하게 하여 에너지와 시간을 낭비하게 만듭니다. 대부분 흥미 있는 것들이므로 자신도 모르게 서서히 빠져들어 귀한 시간을 뺏기고 맙니다.

통제력을 유지한다면 이들은 시간 도둑이 아닌 재미있는 휴식도구이자 지식의 창고이며, 인간관계를 돈독히 하는 훌륭한 매개체가 될 수도 있습니다. 가장 위험한 물건인 칼이 수술대에서는 반드시 필요한 물건이듯이 조심해야 할 것은 물건 그 자체가 아니라 그것을 사용하는 사람의 태도와 자세입니다.

전문가들은 중독의 공통적인 증상으로 갈망과 집착, 생리적 내성, 금단 증상을 꼽습니다. 중독 시간 도둑도 마찬가지입니다.

공부를 하기 위해 자리에 앉았지만 머릿속에는 드라마 생각이 멈추지 않아 도무지 진도가 나가지 않는다면 갈망 또는 집착이 생겨났기 때문입니다. 게임을 하고 또 해도 더 하고 싶은 마음이 드는 것은 생리적 내성 때문입니다. 좋아하는 텔레비전 프로그램을 못 보게 한다거나 휴대전화 사용이 금지되면 짜증이 나고 불안한 적이 있습니까? 매체 사용 금지에 예민하게 대응한 적이 있다면 금단 증상이 나타나는 것은 아닌지 스스로 돌이켜보아야 합니다.

중독 시간 도둑의 무서운 점은 자신의 문제점을 깨닫고 그만두려고 해도 멈추기가 쉽지 않다는 것입니다. 늪 속으로 빠진 것처럼 정신을 차려 나오려 해도 더 깊이 빠져드는 느낌을 받게 됩니다. '그만'이라고 마음속으로 외쳐도 습관적으로 텔레비전을 켜거나 컴퓨터 전원 버튼을 누르고, 친구에게 중요하지 않은 문자를 보내는 사람들이 많습니다.

무서운 시간 도둑의 함정에 빠지지 않으려면 어떻게 해야 할까요? '지피지기면 백전백승'이라고 했습니다. 지금부터는 중독 시간 도둑인 텔레비전, 컴퓨터, 휴대전화에 대해 좀 더 살펴보고 함정은 피하고 이점은 누릴 수 있는 현명한 노하우를 알아보고 자 합니다.

중독 시간 도둑 퇴치법

1. 첫 번째 중독 시간 도둑, 텔레비전 잡기

우리나라에 텔레비전이 보급되기 시작한 것은 30~40년 전입 니다. 어른들의 이야기에 따르면 그 시절 텔레비전은 부의 상징 이었다고 합니다. 지금은 가정마다 필수품이 되어 텔레비전과 현대 생활을 떼어 놓고 생각하기 어렵습니다. 따라서 텔레비전 은 보느냐 안 보느냐의 문제가 아니라 어떻게 보느냐가 더 중요 합니다. 오늘날 학생들의 텔레비전 시청 방식을 몇 가지 유형으 로 구분해 보면 다음과 같습니다.

- 습관형―집에 도착하면 습관적으로 텔레비전을 켭니다. 가 방을 정리하고 옷을 갈아입기보다 리모컨을 먼저 누릅니다.

- 불안형―텔레비전을 시청하면서도 계속 할 일들이 머릿속을 맴돕니다. 심리적으로 계속 볼 것인가 말 것인가 갈등을 반복하기 때문에 텔레비전을 시청하면서도 자꾸 죄책감을 느낍니다.

- 주말 독점형―주중에 학교 생활과 과외 활동 때문에 보지 못했던 텔레비전 프로그램들을 주말에 몰아서 한꺼번에 보는 형태입니다.

- 마니아형―특정 프로그램에 심취하여 같은 프로그램을 반복해서 시청하거나 게시판에 시청 소감을 남기고 명장면 편집 등 프로그램을 위해 자신의 시간을 아낌없이 소비합니다.

여러분은 어떤 유형입니까? 기분과 상황에 따라 텔레비전 시청 시간이 들쑥날쑥합니까? 여러 유형이 한꺼번에 나타나고 있지는 않습니까? 그렇다면 특별히 주의해야 합니다. 틀림없이 시간 도둑이 제일 먼저 노리고 있는 대상일 것입니다.

다음은 텔레비전을 현명하게 시청할 수 있는 방법입니다.

① 일주일 시청 상한선을 정합니다.

먼저 사용할 수 있는 텔레비전 시청 시간을 체크합니다. 학교 생활 및 과외 활동 시간과 수면이나 이동 시간 등 필수 시간을 체크합니다. 그 다음에는 휴식으로 사용할 수 있는 가용 시간을 확인합니다.

이번 주에는 텔레비전 보는 시간으로 몇 시간을 사용할 예정입니까?

② 프로그램 편성표를 보고 꼭 볼 프로그램을 정합니다.

4시간을 사용하기로 계획했다면 어떤 프로그램을 볼 것인지 결정해야 합니다. 약 4개의 프로그램을 시청할 수 있을 것입니다. 짧게 느껴지는 4시간도 1년이면 자그마치 208시간이나 됩니다.

인생에서 상당한 부분을 차지하는 시간인 만큼 프로그램 선택에 신중할 필요가 있습니다.

③ TV 시청 소감을 메모합니다.

텔레비전 시청을 마치고 나서 자리를 뜨기 전에 약 10초간 이번 프로그램은 어떤 점이 좋았는지 생각하는 시간을 갖습니다. 건강한 시청자의 입장에서 프로그램의 장·단점을 생각하고 간단하게 메모를 합니다. 이러한 습관이 반복되면 좋은 프로그램을 고르는 선별력을 기를 수 있을 뿐만 아니라 사고력 증진이라는 효과도 덤으로 얻을 수 있습니다.

2. 두 번째 중독 시간 도둑, 컴퓨터 잡기

요즘에는 컴퓨터로 할 수 있는 일이 많습니다. 필요한 물건을 구입하거나, 외국에 있는 친구와 실시간 대화도 가능합니다. 최근에는 컴퓨터를 이용해 강의를 듣고 공부하는 학생들도 많아졌습니다.

컴퓨터는 많은 이점을 가지고 있지만 동시에 시간 관리 측면에서 큰 위험도 가지고 있습니다. 본래의 목적이 아닌 다른 활동으로 넘어가기 쉽기 때문입니다. 컴퓨터 사용에서 빠지기 쉬운 다른 길로는 게임, 웹상의 만남(메신저, 미니홈피 및 카페 관리), 검색(연예인 소식, 스포츠 중계) 등이 있습니다.

컴퓨터를 통해 정보를 검색하는 행위를 '인터넷 서핑'이라고 합니다. 마치 바다 여행을 하는 것과 같다고 하여 붙여진 이름입니다. 넓은 바다를 항해할 때 목적지와 나침반이 없으면 하염없이 떠다니기 쉽습니다. 파도에 휩쓸려 돌아오지 못할 여행이 되기 전에 사전 계획과 준비는 필수입니다.

현명한 컴퓨터 사용 노하우는 다음과 같습니다. 텔레비전 시청 계획과 같이 컴퓨터를 사용하기 전에 사용 시간을 정하고 일주일 계획에 포함시키는 것은 중독성 시간 도둑을 관리하는 기본입니다.

① 사용 시간을 일지에 기록합니다.

학습 사이트를 활용할 때도 사용 시간을 기록해 두어야 학습 시간의 절반을 인터넷 서핑에 쓰는 낭비를 막을 수 있습니다. 또한 한 달 단위로 기록한 시간의 합계를 내 봅니다. 누적된 시간의 합을 살펴보면 컴퓨터 사용에 따른 실제 금전 가치도 비교해 볼 수 있습니다.

② 컴퓨터를 공유합니다.

컴퓨터와 단둘이 있을 때에는 유혹을 뿌리치기가 쉽지 않습니다. 그러므로 거실 등과 같이 개방된 장소로 컴퓨터를 이동시킵니다. 유혹에 강해질 때까지 잠금 장치를 해 놓는 것도 올바른 컴퓨터 사용 습관을 형성할 수 있는 방법 중 하나입니다.

3. 세 번째 중독 시간 도둑, 휴대전화 잡기

수업 시간에 선생님 몰래 문자를 주고받고, 쉬는 시간마다 친구들과 전화 통화를 하거나 저장되어 있는 오락을 하느라 정신이 없습니다. 얼마 전에는 한 청소년이 휴대전화 비용 때문에 자살을 시도했다는 기사가 실리기도 했습니다.

휴대전화를 사용하는 시간은 다른 시간 도둑처럼 긴 시간은 아닙니다. 하지만 답장을 기다리느라 해야 할 일에 집중하기가 어렵고 타인의 진동음에도 '움찔' 하며 핸드폰을 살피는 행동이 잦아집니다. 늦은 시간의 통화와 문자는 숙면을 방해하여 다음 날 행동 컨디션에 영향을 미칩니다. 나쁜 컨디션으로 같은 일을 두세 번씩 반복하거나 수업 집중력이 흐려진다면 휴대전화라는 시간 도둑에게 걸려들었다는 증거입니다.

다음은 휴대전화를 현명하게 사용할 수 있는 방법입니다.

① 더 많이, 더 자주 꺼 둡니다.

30분 이상의 휴식이 허용되는 식사 시간만 제외하고 휴대전화는 반드시 꺼 둬야 합니다. 진동으로 바꿔 놓으면 끊임없이 수신 여부를 확인하게 되고 답장을 하고 싶은 마음에 수업 중 딴짓을 할 가능성이 높습니다.

② 통화 내역을 점검합니다.

모든 통신업체는 통화 내역과 통화 양식을 분석해 주는 서비스를 실시하고 있습니다. 한 달에 한 번씩 자신의 통화 상태를 점검해 보기 바랍니다. 밤 시간대에 통화가 집중되어 있다면 그 이유는 무엇인지, 특정인에게 연락한 횟수가 많았다면 어떤 연유에서였는지를 되돌아보면 현재 자신의 휴대전화 사용 습관을 파악할 수 있을 뿐 아니라 인간관계도 점검해 볼 수 있습니다.

미래를 위한 올바른 선택

시간을 현명하게 사용하기 위해 가장 우선시되어야 할 것은 올바른 선택입니다. 누구나 자신에게 득이 되고 해가 되는 행동을 구별할 수 있는 능력이 있습니다. 텔레비전 리모컨을 누르기 전, 컴퓨터 전원을 켜기 전, 휴대전화의 통화 버튼을 누르기 전, 다시 한 번 생각해 보기 바랍니다.

"나의 선택이 내 미래를 결정한다면 나는 지금 어떤 결정을 내리겠는가."

우리에게는 더 나은 미래로 전진할 충분한 능력이 있습니다. 일상에서 마주하는 작은 유혹들과의 싸움에서 승리하기를 바랍니다. 일상의 작은 승리는 눈부신 미래를 향한 도움판입니다.

정리 정돈 마스터하기

각종 책과 인쇄물로 어지러운 책상, 좋아하는 연예인 사진이 다닥다닥 붙어 있는 벽, 바닥에 어지럽게 널려 있는 가방과 교복. 지금 나의 방은 어떤 모습일까요? 시간 도둑은 정리되지 않은 물건들을 미끼 삼아 우리의 시간을 빼앗아 갑니다.

"너 한 번만 더 이러면 엄마한테 진짜 혼날 줄 알아!"

고등학교 1학년인 지혜는 아침마다 엄마의 고함소리를 듣는 것으로 하루를 시작합니다. 공부도 잘하고 학급 임원을 할 정도로 친구들과도 잘 지내는 지혜가 엄마한테 야단을 맞는 이유는 늘 똑같습니다. 물건 정리를 제대로 하지 않아서입니다. 오늘 아침에도 교복 타이를 찾지 못해 발을 동동 구르며 온 집 안을 휘저어 놓았습니다. 아침마다 물건 찾기로 씨름하는 지혜. 좋은 방법이 없을까요?

깨진 유리창의 법칙

시간 관리에 뛰어난 소질이 있다고 해도 주변 환경이 정돈되어 있지 않으면 엄청난 시간과 에너지를 낭비할 수 있습니다. 걸핏하면 펜이나 준비물, 교재를 찾으면서 시간을 허비합니다. 능률도 오르지 않을 뿐만 아니라 여기저기 뒤지다가 부모님께 잔소리를 듣기도 합니다.

정리 정돈이란 흐트러지거나 혼란스러운 상태에 있는 것을 한데 모으거나 치워서 질서 있는 상태가 되게 하는 것입니다. 체계적으로 분류하고 종합하는 것이며, 문제가 되거나 불필요한 것을 줄이거나 없애 말끔하게 바로잡는 것입니다.

정리 정돈을 하지 않는 습관은 시간 낭비의 복병입니다. 의외로 많은 시간이 정리 정돈을 제대로 하지 않아 낭비됩니다. 어떤 사람들은 정리 정돈을 할 시간조차 없다고 말합니다. 정리 정돈을 일과에 포함시키지도 않습니다.

1969년 스탠퍼드 대학교에서 재미있는 실험을 했습니다. 자동차 두 대를 준비한 뒤 비교적 치안이 허술한 골목을 골랐습니다. 그리고 두 대의 자동차의 보닛을 열어 놓은 채 일주일 동안 자동차를 관찰했습니다. 이때 두 대의 차 중 한 대는 창문을 조금 깨뜨려 놓았습니다.

일주일이 지난 후에 두 대의 차는 어떻게 되었을까요? 우선 보닛만 열어 놓은 차는 특별한 변화가 없었습니다. 흥미로운 것은 두 번째 자동차입니다. 보닛이 열려 있고 창문이 깨져 있던 자동차는 실험을 시작한 지 10분 만에 배터리가 없어지고 연이어 타이어도 사라졌습니다. 누군가가 와서 낙서를 하기 시작했으며, 실험이 종료된 일주일 뒤에는 형체를 알아보기 어려울 정도로 파손되어 고철 덩어리로 변해 있었습니다.

단지 유리창이 조금 깨져 있던 것뿐인데 그렇지 않은 자동차와 비교했을 때 상태는 더 빠르게 악화되었고 더 쉽게 파괴되었습니다. 이 실험을 통해 사소한 무질서를 방치하면 큰 문제로 이어질 가능성이 높다는 '깨진 유리창의 법칙'이 세상에 알려지기 시작했습니다.

시간 낭비를 예방하는 최선책

깨진 유리창의 법칙을 '정리 정돈'에 적용시켜 보았습니다. 먼저 음료수를 마신 컵과 사용한 그릇 몇 개를 씻지 않고 설거지 통에 그대로 두었습니다. 처음에는 변화가 없었지만 며칠 뒤 설거지 거리가 잔뜩 쌓이고 씽크대 주변에 평소에는 보이지 않던 쓰레기들까지 보였습니다.

책상도 마찬가지입니다. 책 한두 권이 펼쳐져 있을 때는 오고 가다 쉽게 책장을 정리합니다. 하지만 여러 권이 쌓이면 정리하지 않고 한구석에 몰아 놓습니다. 특별히 어지럽힌 적이 없다고 생각했는데 며칠 뒤 책상 주변을 보면 휴지 조각에, 과일 접시,

과자 봉투 등 순식간에 어질러져 있는 모습을 확인할 수 있습니다. 정리하고픈 의욕이 떨어지는 그 순간부터 어질러지는 속도는 굉장히 빨라집니다.

정리 정돈이야말로 시간 낭비를 예방하는 최선책입니다. 하지 않아도 될 일은 만들지 않는 행동, 미래를 위한 행동에 집중할 수 있도록 돕는 자세가 바로 정리 정돈입니다. 정리 정돈은 낭비될 수 있는 시간을 중요한 일에 모아 주는 훌륭한 투자 행위입니다.

그렇다면 어떻게 하면 효과적으로 정리 정돈을 할 수 있을까요?

앞서 소개한 지혜처럼 정리 정돈을 하지 못해 어려움을 겪고 있는 두 명의 친구가 더 있습니다. 이 친구들의 사정을 함께 들어 보고 시간 낭비 예방법을 알아보겠습니다.

고등학교 1학년인 범진이는 당황스럽습니다. 학교에 간 사이 엄마가 책상 정리를 해 버리셨기 때문입니다. 지난 학기 문제집이 책상 위에 그대로 있는 것을 보고 모두 버리셨나 봅니다. 그런데 숙제할 수학 문제집도 함께 버리셨는지 도통 보이질 않습니다.

중학교 2학년인 화랑이는 골목길 앞에서 친구를 기다리고 있는 중입니다. 내일이 시험인데 시험 공부를 할 수가 없습니다. 수행평가 인쇄물을 잃어버렸기 때문입니다. 학원에 간 친구들이 올 때까지 기다릴 수밖에 없었습니다.

뒤죽박죽인 상황에서는 시간은 계속 늦어지고 일은 갈수록 어려워집니다. 어수선한 상황에 머릿속마저 복잡해지기 시작합니다. 모든 문제를 해결할 수 있는 방법이 있습니다. 바로 정리 정돈입니다.

'아수라장 시간 도둑' 퇴치법

1. 물건에 저마다의 '지정석'을 마련하라.

물건을 찾느라 시간을 허비하는 것은 여러 가지로 손해입니다. 하던 일을 중단해야 하고, 누군가의 잔소리를 듣게 되기도 합니다. 무엇보다 스스로가 한심스럽게 느껴지는 것이 가장 큰 손해일 것입니다. 앞으로는 물건의 지정석을 마련해 주기 바랍니다. 약속된 위치에 물건들을 놓기만 하면 같은 장소에서 언제든지 다시 만날 수 있습니다.

교복의 지정석은 어디입니까?

책가방의 지정석은 어디입니까?

지갑과 열쇠의 지정석은 어디인가요?

아직 지정석이 정해지지 않은 물건이 있습니까?

물건들의 지정석을 마련해 주는 것, 정리 정돈의 시작입니다.

2. 책상 위는 무조건 비워 두라.

물건들의 지정석을 정할 때 침범해서는 안 되는 구역이 있습니다. 바로 책상 위입니다. 체육관이 넓다고 해서 자동차를 넣어 두지는 않습니다. 무대 위가 비워져 있다고 해서 아무 물건이나 세워 놓지 않는 것처럼 책상 위는 사용하지 않을 때라도 항상 비워 두이야 힙니다.

3. 서랍은 친한 순서대로 정리하라.

서랍은 지정석으로 잘 활용할 수 있는 공간입니다. 서랍의 위치에도 등급이 있습니다. 공연을 보러 가면 좌석별로 가격 차이가 있습니다. 가장 비싼 자리는 무대를 한눈에 볼 수 있는 자리입니다. 마찬가지로 서랍의 공간도 등급이 있습니다.

자주 사용하는 물건들은 제일 윗 서랍 앞쪽에 보관합니다. 나의 경우, 포스트잇과 투명 테이프, 스테이플러 등이 가장 좋은 자리에 위치하고 있습니다. 그리고 윗 서랍 깊숙한 곳에는 리필용 테이프나 스테이플러 심 등 비교적 잘 사용하지 않는 물건을 넣어 둡니다. 빈 박스를 활용하여 서랍 안을 사용하기 쉬운 배치로 바꾸는 것도 좋은 방법입니다.

아래쪽 서랍에는 특별한 일에 사용되는 물건들을 넣어 둡니다.

4. 파일은 색깔별로 세워서 보관하라.

학교에서 받은 인쇄물은 묶음보다는 낱장인 경우가 많습니다. 어떤 학생들은 해당 과목의 노트에다 인쇄물을 붙여 놓기도 하는데 좋은 방법이라고 생각합니다. 단, 노트보다 더 큰 인쇄물은 부착하기가 쉽지 않습니다.

인쇄물을 보관할 때는 파일에 과목별로 보관하는 것이 좋습니다. 색이 다른 집게나 클립을 준비한 뒤 과목별로 분류하여 묶습니다. 인쇄물들을 파일에 넣은 뒤 다른 교재와 마찬가지로 책장에 세워 놓고 보관하면 한눈에 찾을 수 있고 잃어버릴 염려도 없습니다.

어지럽히지 않으면 정리할 것도 없다

정신없이 어지러운 방을 보면 흔히 어른들이 도둑이 다녀간 집 같다고 말씀하십니다. 사실 그 방에는 도둑이 다녀갔습니다. 도둑은 도망가지 않았고 집 안 어딘가에 숨어서 호시탐탐 기회를 엿보고 있습니다.

그 정체는 바로 '시간 도둑' 입니다. 잘 가꾸어진 정원에 쓰레기를 함부로 버리지 못하듯이 시간 도둑도 말끔하게 정리된 공간에는 쉽게 침입하지 못합니다. 그럼에도 시간 도둑이 계속해서 우리 주위를 맴도는 까닭은 아무렇게나 펼쳐져 있는 책, 던져 놓은 가방에 기대를 걸고 있기 때문입니다.

정리는 행동이며 생활의 일부입니다. 어지럽히지 않으면 정리할 필요도 없습니다. 주위에 시간 도둑이 기대를 걸 만한 물건이 보인다면 원래 위치에 정리하기 바랍니다. 한 번 두 번, 시간 도둑을 실망시킬수록 우리의 시간은 절약됩니다.

효과적으로
자기 의사
표현하기

"끝나고 게임방으로 와.", "매점 가자." 친구들의 달콤한 제안을 거절하기가 힘듭니다. 머릿속에서는 해야 할 일들이 스쳐가지만 입에서는 "YES."가 터져 나옵니다. 시간 도둑을 제거하기 위한 마지막 시험은 '거절' 입니다. 시험에 통과하지 못하면 우리는 중요한 일을 할 수 있는 소중한 시간에 덜 중요한 일들을 하게 됩니다.

거절은 꿈을 실천하는 용기

우리 주변의 여러 사람들이 우리의 시간을 요구합니다. 길을 묻는 사람부터, 쓸데없는 전화가 걸려오기도 하고, 불필요한 잡담에 발이 묶이기도 합니다. 돈이나 물건을 빌려 달라는 요청은 쉽게 거절하는 사람도 자기 시간을 빼앗는 부탁은 거절하지 못하는 경우가 많습니다. 자기 관리를 잘하는 사람이라도 현명하게 거절하는 방법을 알지 못하면 시간 도둑의 음흉한 덫에 걸리고 맙니다.

왜 이토록 거절하기가 어려운 걸까요? 어떤 친구들은 남이 부탁하는 것을 부담스러워하면서도 누군가로부터 부탁을 받았다는 것 자체를 자랑스러워하기도 합니다. "이번 농구 시합에서 꼭 같이 뛰자. 너보다 잘하는 사람이 없잖아.", "역시 피아노 반주는 네가 최고야." 자기를 향한 다른 사람의 칭찬과 인정에서 가치를 확인하는 사람들은 부탁을 거절하기가 쉽지 않습니다.

또한 지나치게 상대방의 입장을 배려하는 사람도 있습니다. 이런 사람들은 부탁을 받기도 전에 먼저 일을 도와주겠다고 나서기도 합니다. 친절과 봉사는 많은 사람들이 본받아야 할 아름다운 미덕입니다. 하지만 나비가 스스로 자신의 고치를 열고 나오지 않으면 비상할 수 없듯이 누구나 자신이 감당해야 할 몫이 있습니다. 나의 도움이 누군가의 성장과 능력 발휘를 가로막을 수도 있다는 점을 기억해야 합니다.

거절을 못하는 사람들의 공통적인 심리는 '두려움'입니다. 인정받지 못한다는 두려움, 중요한 사람이 아니라는 두려움, 좋은 관계를 해치게 될 것이라는 두려움, 다시는 같은 기회가 오지 않으리라는 두려움 등이 거절을 망설이게 합니다. 그렇기 때문에 시간 도둑의 덫임을 알면서도 무거운 마음으로 부탁을 승낙하게 되는 것입니다.

비전에 부합하는 현명한 선택

짐 캐리 주연의 〈예스맨〉이라는 영화가 있습니다. 영화 속 주인공은 부정적이고 친구들과도 잘 어울리지 않습니다. 그는 두려움조차 차단해 버리고 무감각하게 생활하는 전형적인 '노맨

(NO-man)'입니다. 노맨의 일상은 가지치기한 겨울나무와 같아서 단순하고 명료하지만 한편으로는 외롭습니다.

어느 날 그는 우연히 교육을 받으러 갔다가 "YES."만 말해야 하는 '예스맨'으로 변신하게 됩니다. 예스맨의 일상은 농번기의 농부처럼 정신없이 바쁩니다.

"우리 가게에 한번 놀러 오세요." "YES!"

"저 좀 태워 주시겠어요?" "YES!"

"나를 대신해서 내 약혼녀 파티 준비 좀 도와줄래?" "YES!"

단조로웠던 일상이 타인의 부탁으로 채워지면서 그는 노맨이었을 때는 느낄 수 없었던 삶의 복잡함과 버거움을 경험하게 됩니다. 자신의 삶을 완벽하게 컨트롤할 수 있지만 외로운 노맨과, 모험은 가득 하지만 사람들의 부탁이 벅찬 예스맨의 삶 중에 어느 것이 더 좋아 보입니까?

영화 〈예스맨〉은 무조건적인 친절을 강요하지 않습니다. 고립된 삶을 추천하는 것은 더욱 아닙니다. 영화는 선택의 순간에 서 있을 때 가슴에서 우러나오는 소리를 들으라고 말합니다. 내 삶의 목적과 일치하고 비전을 향해 가는 길에 함께할 수 있는 현명한 선택을 하라고 말합니다. 사랑하는 사람들과 더불어 살면서 인생을 풍요롭게 만들고, 미래를 향해 힘차게 나아갈 수 있는 소중한 선택을 하라는 메시지를 보냅니다.

'Yes시간 도둑' 퇴치법

1. 비전맵을 점검해라.

명확한 비전은 현명한 선택을 할 수 있는 에너지입니다. 우리는 두 장에서 비전맵을 만들어 보았습니다. 비전맵을 펼쳐 들고 현재 자신의 위치를 확인해 보세요. 그리고 앞으로 나아가야 할 모습을 손으로 짚어 가며 따라가세요. 비전맵에서 자신의 열정과 가능성이 느껴집니까? 나는 나의 비전맵을 볼 때마다 가슴이 두근거리고 코끝이 찡해집니다. 당장이라도 미래로 달려가고 싶은 기분 좋은 충동을 느끼기도 합니다.

새롭게 추가하고 싶은 내용이 있다면 지금 당장 덧붙이기 바랍니다. 메모지 한 장이면 충분합니다. 글로 쓰는 것이 어렵다면 그림이나 사진도 좋습니다. 1년에 한 번 정도는 비전맵을 다시 작성해 보기를 권합니다. 그러면 미래를 향한 힘찬 다짐이 새록새록 생겨날 것입니다.

비전맵 점검은 우선순위가 무엇인지, 정말 소중한 것이 무엇인지를 알게 해 줍니다. 세계적으로 유명한 성악가를 꿈꾼다면 친구와 영화를 보기 위해 레슨을 빼먹지 않습니다. 제대로 된 의료 혜택을 못 받고 있는 아프리카 사람들을 치료하는 의사를 꿈꾼다면 게임방에서 시간을 헛되이 낭비하지 않습니다.

2. 거절하는 법을 연습하라.

3년 전쯤, 청소년의 고민 해결을 도와주는 라디오 프로그램에서 인터뷰를 한 적이 있습니다. 전화 통화가 연결되고 대답을 할 시간이 되자 갑자기 입술이 바짝 마르면서 말을 더듬거리기 시작했습니다.

"어…… 저…… 그게 말이지요."

너무 긴장된 나머지 쓸데없는 말들이 자꾸 튀어나왔습니다.

이렇듯 예상하지 못한 질문이나 긴장된 상황에서는 자신의 생각을 명확하게 전달하기가 어려운 법입니다. 거절도 마찬가지입니다. 갑작스러운 부탁을 받거나 평소 대하기 어려웠던 상대의 부탁이라면 거절의 말을 시작도 못하는 경우가 많습니다.

그로부터 1년 후, 텔레비전 방송에 출연할 기회가 있었습니다. 이번에는 방송 전에 질문을 미리 챙기고 꼼꼼하게 답변을 준비했습니다. 거울을 보면서 연습을 하기도 하고, 가족들 앞에서 리허설을 해 보기도 했습니다. 그리고는 이것을 녹음한 뒤 시청자의 입장에서 잘 이해가 되는지 내 말을 다시 들어 보기도 했습니다. 그런데 막상 녹화가 시작되니 가슴이 울렁거리고 얼굴이 화끈거렸습니다. 드디어 내 차례가 되었습니다. 떨리는 목소리로 시작했지만 연습 덕분에 곧 평정심을 찾고 준비한 이야기를 제 시간에 마칠 수 있었습니다.

거질도 연습을 하면 충분히 질할 수 있습니다. 거절이 필요한 상황을 예상해 봅시다. 그리고 진심을 담아 우리의 입장을 설명해 봅시다. 연습이 우리의 입을 열게 해 주고, 준비한 생각을 제대로 전할 수 있도록 도와줄 것입니다. 물론 귀찮은 상황을 피하기 위해 거짓 변명을 해서는 안 됩니다. 거절을 뛰어넘는 깊이 있는 우정의 필수 조건은 진실한 마음입니다.

진심을 담아 거절하기

우리는 그동안 거절에 대해 안 좋은 편견을 가지고 살아왔습니다. 어린 시절, 부모님의 제안이나 요청을 거절하면 맛있는 음식을 먹을 수 없게 되거나 장난감을 가지고 놀 수 없었습니다. 물론 어른들의 가르침에는 의도를 있었지만 그때는 우리가 어렸기 때문에 그러한 긍정적인 의도는 인식하지 못했습니다. 그리고 거절로 인한 상실과 불안의 감정만 희미하게 남아 그것이 편견의 이미지로 기억되고 있을 뿐입니다. 머릿속에서 만들어 낸 두려움은 시간을 낭비하게 합니다. 더 큰 사랑을 전할 수 있는 기회를 놓치게 합니다. 애매한 거절로 인한 반복된 실패는 두려움의 크기만 부풀립니다.

진심을 담은 거절은 우리를 두려움의 공포에서 벗어나게 해

줍니다. 신뢰를 쌓고 사랑을 키워 줍니다. 평생의 우정을 가꾸어 줍니다. 다른 사람에 의한 인생이 아닌 온전한 나의 삶을 살 수 있게 해 줍니다.

'예스'와 '노'를 선택해야 하는 순간이 왔다면 마음의 소리에 귀를 기울이십시오. 그리고 인생의 나침반이 가리키는 방향을 향해 당당하게 발걸음을 내딛기 바랍니다. 시간은 미래를 향한 당당한 발걸음 위에서 진정한 빛을 발휘할 것입니다.

숭덕여자고등학교 2학년 권효정

권효정 학생은 여든 살까지 10년 단위로 자신이 이룰 목표를 정했습니다. 목표를 적어 둔 종이를 책상 앞에 붙여 놓고 공부를 하다가 힘들 때마다 보곤 합니다. 자신의 이름을 딴 '효 치과'의 원장이 되어 동료들과 함께 자원봉사를 하고 있는 모습을 상상하면 기분이 좋아져 공부도 열심히 하게 됩니다. 다음 이야기는 시간 관리가 성적 향상에 큰 도움이 되었다는 권효정 학생의 시간 관리 방법입니다.

시간 관리는 성적 향상의 지름길이다

시간 관리 코칭을 받기 전까지 나는 부족한 시간 때문에 많이 힘들었습니다. 고등학교에 진학하면서 갑자기 하루 스케줄이 전부 바뀌었습니다. 바쁜 학교 일정 속에서 숙제도 해야 하고 일정량의 공부도 해야 했습니다. 학기 초에는 '무조건 잠을 줄이자!' 라고 결심했었는데 체력적으로 무리가 오더군요. '하루가 25시간이면 얼마나 좋을까?' 라고 생각한 적이 많았습니다. 할 일은 많은데 시간이 안 따라 주니까 어떻게 해서든 시간을 늘리고 싶은 마음이 들었습니다. 그런 점에서 시간 관리를 꼭 해야 한다고 생각합니다. 직접 경험해 보고 나니 시간의 중요성을 더욱 절실히 깨닫게 되었습니다. 그야말로 '시간은 금'이라는 말을 실감하고 있습니다.

시간 관리 코칭을 받고 공부할 수 있는 시간이 생기다 보니 떨어졌던 성적이 다시 올랐습니다. 어쩌다 시간이 생기면 항상 공부를 했고 공부량이 늘어나면서 다시 성적을 올릴 수가 있었습니다. 목표가 정해지니 공부에도 더 흥미가 생겼습니다. 시간 관리를 제대로 하고부터는 전교 30등에 가깝던 등수가 5개월 만에 10등 안쪽으로 오르기도 했습니다.

처음에는 시간 관리 자체가 '은근히 시간 낭비는 아닐까, 괜한 짓은 아닐까?' 라는 생각도 해 보았지만 이런 자기 관리와 시간 관리가 없었다면 성적 향상은 꿈꾸기 어려웠을 겁니다.

중요한 일을 먼저 하여 자신감을 맛보다

나는 플래너를 사용합니다. 플래너에 그날에 해야 할 일들, 약속 시간 같은 것을 꼬박꼬박 적어 놓고 표시해 놓습니다. 이렇게 하면 잊고 지나칠 수 있는 것들을 놓치지 않을 수 있었습니다. 플래너에 할 일들을 쭉 적어 놓고 왼쪽에다 가장 중요하고 먼저 해야 하는 일들 순으로 ABC로 우선순위를 매깁니다. 그리고 한 가지 일을 마칠 때마다 목록에서 하나씩 지워 나가거나 체크 표시를 합니다.

그날 할 일들을 쭉 적어 놓은 것을 보면 할 일이 많아서 버거운 느낌부터 들기도 합니다. 그러나 순서대로 하려고 노력하다 보면 목록을 하나씩 지워 나가는 성취감 때문에 꾸준히 실천할 수 있게 됩니다. 그만큼 할 일이 많으므로 빨리 해결해야겠다는 생각도 들어서 플래너를 사용하지 않았을 때보다 더 많은 일을 할 수가 있습니다. 이로써 효과적이고도 효율적인 시간 관리가 가능해지는 셈입니다. 중요한 일들을 먼저 하니까 계획한 대로 다 못했다고 하더라도 쓸데없이 시간을 낭비하지 않고 중요한 일들은 해결할 수 있어서 좋은 것 같습니다.

당장 오늘 일만이 아니라 어제 한 일, 내일 할 일, 10년 후부터 가깝게는 1년 후까지 어떤 일을 할 것인지를 일상적으로 적습니다. 처음에는 이런 시간 자체가 낭비가 아닐까도 걱정했지만 기록은 오히려 마음을 다잡게 하고 정리하는 능력을 키워 주었습니다. 요즘은 이러한 계획표가 있어 오히려 자유를 느낍니다. 내가 만든 것이고, 계획표를 짜는 것 자체가 자유로운 행동이니까요. 스스로 짠 것이라 그런지 책임감이 더 커지는 것 같고, 못 지킨 부분에 표시를 할 때는 아쉽고 속상한 마음이 들기도 합니다.

자투리 시간 활용으로 시간을 벌다

등교 시간, 쉬는 시간, 점심 시간 등 자투리 시간을 계산해 보면 하루에 약 2시간 반 정도 되는 것 같습니다.

먼저 등교 시간에는 영어 단어장이나 사회 노드를 들고 걸어가면서 외우기도 하고, 아니면 MP3로 영어 듣기 연습을 하기도 합니다. 학교에 걸어가거나 버스를 타는 25~30분 정도의 시간에는 주로 그날 쪽지 시험 볼 것들을 공부합니다. 아침 시간이라 집중도 잘 되는 편입니다.

등교 시간보다 40분~1시간 정도 일찍 학교에 도착해 자습을 합니다. 나는 수학을 잘 못해서 학교에 오면 수학 공부부터 먼저 합니다.

쉬는 시간에는 화장실에 다녀오거나 친구들과 수다를 떨기도 하지만 숙제가 많거나 시험 기간이 임박했을 때는 다음 과목 교과서를 꺼내 놓고 숙제를 하거나 시험 공부를 합니다. 쉬는 시간에는 소란스럽기 때문에 복도를 걸어 다니며 영어 단어를 중얼거리면서 외우기도 합니다. 아이들이 떠드는 소리에 내 소리가 묻히므로 편하게 소리내어 외울 수 있어 좋은 것 같습니다.

점심 시간은 한 시간 정도인데 아이들이 식사를 할 동안(점심 시간 시작 후 30분 정도) 교실에 남아서 책을 읽거나 숙제를 합니다. 따로 책 읽을 시간이 없어서 특별히 숙제가 많지 않으면 이 시간을 이용해 학교 도서관에서 책을 읽습니다. 시간이 없어서 책을 못 읽는다고 하지만 점심 시간에만 책을 읽어도 일주일에 한 권 정도는 읽을 수 있답니다.

오후 청소 시간에 당번이 아닐 때는 30분 정도 낮잠을 자기도 하고, 학교 교정을 돌아다니면서 친구과 얘기도 하고 운동 겸 산책도 합니다.

생각해 보니 자투리 시간이나 쉬는 시간에는 주로 숙제를 하거나 영
어 단어 외우기, 독서, 수다 떨기, 잠, 산책 등을 하는 것 같습니다. 이렇
게 계획만 잘 세운다면 수업 시간 이외에도 공부할 수 있는 시간이 많습
니다. 나만의 자투리 시간을 만들어 보세요.

PART 05
실천력을 높이는
ACT 법칙
- 실천의 비밀

조형훈 (한국청소년리더십센터 팀장)
평범하고 조용한 청소년기를 보냈다. 지금은 청소년과 청년들의 눈높이를 맞추기 위해 인기그룹 가수 이름을 외우려고 노력 중이다. 자신의 행복과 청소년과 청년들의 행복을 위해 강의를 하고 있으며 가끔씩 눈빛이 달라져가는 아이들을 보면서 인생의 보람을 느끼며 살고 있다.

Achieve
자신감을 쌓아라

'화룡점정(火龍點睛)'이라는 고사성어가 있습니다. 이 고사성어가 생겨난 유래를 한번 살펴보겠습니다.

중국 남북조(南北朝)시대 양(梁)나라에 장승요(張僧繇)라는 화가가 있었습니다. 그는 사물을 있는 그대로 그리는 것으로 유명했습니다.

어느 날 장승요는 금릉에 있는 안락사(安樂寺)의 주지로부터 용을 그려 달라는 부탁을 받습니다. 그는 절의 벽에다 당장이라도 구름을 헤치고 날아오를 듯한 용의 모습을 그렸습니다. 얼마나 실감나게 묘사했던지 그의 그림을 보고 감탄하지 않는 사람이 없었습니다. 그러나 용의 눈동자를 그려 넣지 않은 것을 보고 모두들 이상하게 여겨 까닭을 물었습니다.

"다른 곳은 다 그렸으면서 왜 용의 눈동자는 그리지 않았소?"

그러자 장승요가 대답했습니다.

"눈동자를 그리면 용이 날아가 버리기 때문이오."

사람들은 그의 말을 믿지 않았습니다. 어서 눈동자도 마저 그려 넣으라고 채근을 했지요. 그가 마지못해 용 한 마리에 눈동자를 그려 넣자 갑자기 천둥 번개가 치며 용이 벽을 뚫고 나와 하늘로 올라갔습니다. 한편 눈을 그려 넣지 않은 용은 그대로 남아 있었습니다.

눈동자가 완성되지 않은 용은 땅에 머물 수밖에 없습니다. 용의 그림에 눈을 그리는 것은 시간 관리를 통해 설정한 목표와 계획을 '실천' 하는 것입니다. 실천이 없으면 그림이 완성될 수 없습니다. 그러면 우리만의 명작도 탄생할 수 없습니다.

세계적으로 인정받는 훌륭한 작품들을 만든 거장들은 모두 마음속의 그림과 계획을 붓으로 표현했습니다. 이렇게 작은 실천의 조각들이 모이면 미래에 우리가 꿈꾸는 원대한 작품이 될 것입니다.

많은 사람들이 꿈을 꾸지만 모두가 꿈과 목표를 이루는 것은 아닙니다. 아무것도 실천하지 않으면 어떤 결과도 얻을 수 없습니다. 우리의 목표를 성취하는 유일한 방법은 행동하는 것, 즉 실천입니다.

성공은 실천한 사람들의 몫

왜 실천력을 위해 자신감을 쌓아야 할까요?

우리의 생각과 의지를 실행에 옮기는 데 가장 큰 장애물은 역시 두려움입니다. 두려움은 다양한 형태로 나타나며 늘 핑계거리를 만듭니다. 예를 들어 다른 사람들을 의식해 시적 자체를 미루게 만들어 실천을 방해합니다. 하지만 우리의 실천을 가로막는 두려움은 의외로 깨뜨리기 쉽습니다. 자신감은 두려움을 잡는 천적이며 두려움을 깨뜨리는 망치입니다.

나는 중학교 때 생물 과목 성적이 항상 중간 이하였습니다. 과학 분야 자체에 흥미가 적었고 수리와 과학 영역에 대한 두려움이 있었기 때문에 상대적으로 공부를 소홀히 한 것이 가장 큰 이유였습니다. 2학년 때 중간고사를 앞두고 생물 과목을 공부하고 있었습니다. 그날은 신기하게도 교과서 내용이 머릿속에 쏙쏙 들어왔고, 그 결과 역시 좋은 성적을 받았습니다. 시험에서 좋은 점수를 얻어 성취감을 느끼자 생물 과목도 어렵지 않다는 자신감이 생겼습니다. 그 전에는 수리와 과학에 대한 막연한 두려움 때문에 이런저런 핑계로 공부를 미루었는데 그 중간고사 이후로 생물 과목에서 계속 좋은 성적을 얻을 수 있었습니다. 나아가 생물에 대한 두려움이 극복되자 다른 과목에도 자신감이 붙게 되어 전체적으로 성적이 올랐던 경험이 있습니다.

성취감은 노력과 의지를 통해 무엇인가를 달성했을 때 느끼는 감정입니다. 성취감이 쌓이면서 자신감이 생겨납니다. 계속 자신감을 얻는 경험을 하면 두려움을 깨뜨리고 실행의 단계로 나아가 좋은 결과를 얻을 수 있습니다.

좋은 결과를 얻는 공식은 간단합니다. 그에 상응하는 행동을 하는 것입니다. 결국 성공은 그것을 실행한 사람들의 몫입니다. 우리도 무언가를 성취하고 싶다면 자신감을 쌓아야 합니다. 자신감을 바탕으로 실행력을 키워야 합니다. 그렇게 하면 우리는 어떤 장애물이 있더라도 그것을 뛰어넘어 실천에 옮길 수 있습니다.

자신감을 갖기 위한 자세

그렇다면 어떻게 하면 자신감을 쌓을 수 있을까요?

첫째, 작은 일부터 도전하는 것이 중요합니다. 실천력을 높이기 위해 평상시 사소한 일부터 도전하고 실천하면 됩니다. 작은 일부터 도전하여 자신감을 쌓는 일은 보약을 먹는 것과 같습니다. 보약을 많이 먹을수록 자신감은 더 커집니다.

자신감은 원대한 목표를 시도할 수 있는 용기를 줍니다. 자신감은 한 번에 생겨나지 않습니다. 자신감은 실패를 두려워하지 않고, 넘어져도 일어설 수 있는 힘을 줍니다.

우선 우리가 쉽게 할 수 있는 일들의 목록을 작성합니다. 예를 들어 매일 아침 거울을 보며 나는 할 수 있다고 말하기, 수업 시간에 마음속으로 파이팅 외치기, 하루에 5분 더 걷기 등입니다. 이런 것들은 흔히 '자신과의 약속' 이라고 불리기도 합니다. 매일의 삶 속에서 자신과의 약속에 충실하십시오. 작고 사소한 일을 포함해 꾸준하게 자신감을 쌓을 수 있는 일이라면 무엇이든 좋습니다. 꾸준하게 쌓은 자신감으로 긍정적인 결과를 얻으면 그 자체가 실천력을 얻는 자신감의 밑바탕이 됩니다.

둘째, 실패에 대한 새로운 관점을 가져야 합니다.

시작도 하기 전에 지레 겁부터 집어먹고 포기하는 사람들이 있습니다. 그들은 실패할 것이 두려워 아무 일도 하지 않습니다. 실패를 거듭하면 두려움이 생겨납니다. 두려움은 실천력의 가장 큰 적입니다. 두려움은 사람들을 수동적으로 만들고 아무것도 시도하지 않는 겁쟁이로 만듭니다. 실패에 대한 새로운 관점을 가지려면 실패에 대한 두려움을 인정해야 합니다. 대부분의 사람들은 실패를 피하고 싶어 합니다. 하지만 우리는 언제든 실패할 수 있습니다. 실패를 두려워하는 것은 우리의 본능입니다. 그래서 실패를 생각하는 것은 자연스럽고 일상적입니다. 우리는 열심히 노력해도 실패할 수 있습니다. 그런 실패는 두려워할 필요가 없습니다. 오히려 실패를 통해 더 많은 삶의 지혜를 얻을 수 있습니다.

실패에 대해 새로운 관점을 가질 필요가 있습니다. 열심히 노력했는데 실패를 경험했다면 그것을 통해 새로운 것을 배울 수 있습니다. 오히려 실천력을 더욱 강화시킬 수 있는 기회가 될 수도 있습니다. 오답 노트는 실패가 오히려 도움이 된다는 것을 보여 주는 좋은 예입니다. 실패가 두려워 틀린 문제를 덮어 두고 다시 살펴보지 않는다면 비슷한 문제에서 실수를 반복할 수밖에 없습니다. 반면에 오답 노트를 통해 틀린 문제를 다시 풀어 보고 정확하게 이해하면 더 어려운 문제도 풀 수 있는 힘을 얻게 됩니다.

똑같이 넘어져도 실패를 극복한 사람에게는 훌륭한 약이 되고 실패하고 주저앉은 사람에게는 원망거리가 됩니다. 성공으로 이

끄는 실천력은 실패에 대해 우리가 어떤 관점을 선택하느냐에 가장 큰 영향을 받습니다. 실패에 대한 두려움을 극복하고 새로운 관점을 갖게 되면 자신감이 커집니다.

셋째, 구체적이고 현실적인 목표를 세워야 합니다.

사소한 일을 이루는 데 반드시 구체적인 전략과 계획이 필요한 것은 아닙니다. 그러나 확신을 가지고 성취감을 얻기 위해서는 모든 일에 구체적이고 현실적인 목표를 세워야 합니다. 현실적인 목표는 아무리 노력해도 도달할 수 없는 이상적인 목표가 아닙니다. 아무 노력 없이 저절로 이루어지는 쉬운 목표는 더더욱 아닙니다. 자기 능력과 현실 상황에 맞고, 정말 이루고 싶은 의욕이 담긴 목표입니다.

그 목표가 실현 가능하고 도전의식을 불러일으킬 때, 그리고 충분히 매력적일 때 우리는 행동으로 옮기게 됩니다. 짙은 안개가 낀 도로에서는 쉽게 앞으로 나아갈 수가 없습니다. 구체적이고 현실적인 목표를 세우는 것은 우리 앞에 드리워진 짙은 안개를 걷는 작업을 의미합니다. 또한 이것은 상세한 지도와 같아서

낯선 곳에 처음 갈지라도 이 지도만 있으면 자신감을 가지게 되는 것과 같습니다. 앞서 소개한 SMART 방식을 사용해 자신감을 키우기 위한 구체적이고 현실적인 목표를 세워 봅시다.

Concentrate
집중하라

집중에서 나오는 에너지는 실천력을 높여 주는 연료입니다. 누구나 한 번쯤은 하고 싶은 일에 집중해 본 경험이 있을 것입니다. 조립식 모형을 만드는 경험이었든, 수학 문제를 푸는 경험이었든, 집중할 때면 우리 안에 꿈틀거리는 엄청난 에너지를 느낄 수 있습니다.

집중의 연료가 우리 안에서 활활 타오르는 만큼 우리의 실천력은 왕성해집니다. 실천력을 키우기 위해서는 집중력이 있어야

합니다. 특히 중요한 목표에 먼저 집중할 때 우리의 실천력은 한 층 더 높아질 수 있습니다

단기간의 집중력

왜 실천력을 높이기 위해 집중해야 할까요? 집중의 상태는 완전한 몰입의 상태입니다. 집중할 때는 1시간이 1분처럼 짧게 느껴지고, 불편한 자세에서도 전혀 불편함을 느끼지 못합니다. 이렇게 집중하면 실천력이 높아지게 됩니다.

대학 시절, 선배에게 청소년 활동 프로그램 공모전 이야기를 들었을 때 나는 별다른 관심이 없었습니다. 무엇보다 입상할 자신도 없었고 큰 기대도 하지 않았기 때문에 마감 전날까지 작업을 미루기만 했습니다. 그러다가 학교로 가는 버스 안에서 불현듯 공모전 아이디어가 떠올랐습니다. 자전거를 이용해 독거 노인들을 돕는 봉사 프로그램이었는데 짧은 순간이었지만 생각을 놓치지 않으려고 머릿속의 아이디어를 메모했습니다.

공모전 프로젝트에 집중하자 다른 여러 생각들이 연이어 떠오

르기 시작했습니다. 하지만 생각들을 정리할 만한 작업 장소가 없는 것이 문제였습니다. 당시에는 개인 노트북도 없었고, 시험 기간이어서 컴퓨터를 사용할 장소가 없었습니다. 평소 같으면 컴퓨터도 없고 생각을 정리할 장소도 없다고 그냥 포기했겠지만 한 가지 일에 집중했기 때문에 그러한 장애는 큰 문제가 되지 않았습니다.

결국 학교 근처에서 자취하는 후배 집에 가서 컴퓨터 작업을 했습니다. 공모전 마감 전날이었기 때문에 밤을 새워야 했는데 그 작업을 하던 순간은 내 기억 속에 가장 시간이 빨리 지나간 때로 남아 있습니다. 피곤하고 졸린 줄도 모르고 작업에 집중한 덕분에 시간에 맞추어 공모전에 응모할 수 있었습니다.

집중은 전혀 예상치 못한 좋은 결과를 낳았습니다. 공모전에서 제 작품이 대상을 받았던 것입니다. 그때 짧은 시간 동안 집중하여 실행한 결과 얻은 놀라운 성과는 지금도 벅찬 감동으로 남아 있습니다.

플러스 집중력, 마이너스 집중력

성공한 사람들은 대부분 집중력이 뛰어납니다. 발명왕 에디슨은 불이 난 것도 모를 정도로 실험에 집중했습니다. 그의 그러한 집중력이 수많은 발명품을 낳았고 우리의 삶을 편리하게 해 주었습니다. 이런 사실로 볼 때 집중력과 실천력은 비례한다는 것을 알 수 있습니다. 집중하면 실행하고, 실천하면 성공할 확률이 높아집니다.

그렇다면 우리는 실천력을 키우기 위해 무엇에 집중해야 할까요? 모든 집중이 우리에게 유익할까요? 역설적으로 우리를 집중하게 만드는 많은 것들이 오히려 집중을 방해하는 요소가 되기도 합니다. 많은 청소년들이 컴퓨터 게임을 할 때면 엄청난 집중력을 발휘합니다. 배고픈 줄도 모르고 심지어 피곤한 줄도 모르고 밤을 꼬박 지새우며 게임에 몰두합니다. 그러나 게임과 만화책 같은 오락에 빠지는 것은 해로운 집중력입니다. 우리의 실천력을 갉아먹는 마이너스 집중력입니다.

실천력을 키워 주는 집중력은 우리의 계획과 목표와 부합되고 유익을 주는 플러스 집중력입니다. 플러스 집중력을 극대화하면 실행력이 커집니다.

그렇다면 어떻게 플러스 집중력을 키울 수 있을까요?

첫째, 집중하는 훈련과 연습을 해야 합니다. 집중력을 타고난 사람은 없습니다. 우람한 근육과 강한 체력이 훈련과 연습을 통해 만들어지듯이 집중력은 땀과 노력에 의해 만들어집니다. 사람들은 좋아하고 흥미 있는 일에 집중하지만 이것은 절반의 집중입니다. 집중력의 완성은 좋고 싫음을 떠나 지금 하는 일에 100퍼센트 몰입하는 것입니다. 완성도 높은 집중력은 실천력을 끌어올려 결과의 질을 높여 주고 행복감을 더해 줍니다. 집중력의 차이는 훈련과 연습의 차이입니다. 효과적인 훈련과 성실한 노력이 강한 집중력을 가져옵니다.

플러스 집중력 훈련법

다음은 플러스 집중력을 키우기 위한 훈련 방법입니다.

1. 집중력 향상을 위한 이미지 훈련

이미지 훈련에는 두 가지 방법이 있습니다. 집중을 방해하는 부정적 잡념을 제거하는 이미지 훈련과 장애를 극복하고 성취한 모습을 상상하는 훈련입니다. 집중해야 할 상황을 앞두고 경우에 따라 두 가지 방법을 적절하게 사용하면 효과적입니다.

1) 부정적 잡념을 제거하는 이미지 훈련

① 조용한 자기만의 장소에 갑니다.

② 바른 자세로 앉아 눈을 감습니다.

③ 천천히 심호흡을 하며 마음을 편안하게 합니다.

④ 머릿속에 떠오르는 부정적인 생각을 마음의 종이에 쓰는 상상을 합니다(예 : 실패에 대한 불안, 우울함, 좌절감, 열등감 등).

⑤ 부정적인 생각들을 적은 마음의 종이를 찢거나 태워 버리는 상상을 합니다.

⑥ 마음의 쓰레기가 다 버려졌거나 탔으면 그 상황을 마음에 새긴 후 천천히 눈을 뜹니다.

2) 성취감을 극대화하는 이미지 훈련

① 위의 1번과 2번처럼 합니다.

② 지금 하는 일에서 얻을 수 있는 최상의 모습을 상상하고 느
  낍니다(예 : 원하는 점수 획득, 친구와의 좋은 관계, 수행평가의
  완성 등).

③ 오감을 동원해 성취의 순간을 구체적으로 상상합니다(예 :
  그때의 느낌과 주변의 풍경, 어떤 향이 나는지 등).

④ 그 느낌을 마음에 새긴 후 천천히 눈을 뜹니다.

시험이나 경시대회 등을 앞두고 느끼는 지나친 부담감은 집중
에 방해가 됩니다. 또한 다른 사람들과의 불편한 관계가 집중하
는 데 걸림돌이 되기도 합니다. 일상에서 경험하는 수많은 잡념
과 고민은 집중의 속도를 떨어뜨립니다. 반면 성취감과 자신감
을 자극하는 긍정적인 상상은 집중의 속도를 높여 줍니다. 잡념
을 제거하고 성취의 상상을 극대화하는 이미지 훈련을 하면 집
중력이 향상됩니다.

2. 초단기 목표를 활용한 집중력 훈련

뚜렷한 초단기 목표를 정하면 집중력을 높일 수 있습니다. 지하철이나 버스 같은 대중교통을 이용하면 효과적인 훈련이 가능합니다. 예를 들어 목적지에 내릴 때까지 이 단원을 모두 읽겠다, 영어 단어 10개를 외우겠다, 이런 식으로 목표를 세우고 시도하면 분명한 목표의식이 생겨 집중력이 강해집니다.

또한 초단기 목표를 정해 평소 하던 일의 시간을 줄이는 것도 효과적인 방법입니다. 평소에 수학 문제집 한 페이지를 푸는 데 30분이 걸렸다면 5분을 단축해 25분 만에 푸는 것에 도전해 봅니다. 신문 사설을 읽는 데 약 5분이 걸렸다면 3분 안에 읽도록 시도해 봅니다. 시간을 줄이는 데 초단기 목표를 활용하면 점점 더 집중력이 향상됩니다.

초단기 목표의 단위는 1분에서 30분 사이가 적당합니다.

초단기 목표를 이용한 집중력 훈련에 성공하면 단기, 중기, 장기 목표로까지 연장해 집중력을 향상시킬 수 있습니다.

둘째, 집중할 수 있는 환경을 만들어야 합니다. 사람은 환경의 영향을 받는 존재입니다. 집중력도 주변 환경과 관계가 높습니다. 집중력이 높은 학생일수록 주변 환경이 잘 정리되어 있습니다. 집중의 반대는 산만함입니다. 또한 집중과 혼란은 대립합니다. 즉, 집중하려면 산만한 환경을 정리해야 하며 혼란을 없애야 합니다. 마음먹고 방에 들어와 책상에 앉았는데 책상에 어지럽게 책과 필기구 등이 널려 있으면 공부할 생각이 사라질 수 있습니다.

다음은 집중할 수 있는 환경을 만드는 방법입니다.

책상과 방을 정리하는 요령

- 책상과 방 안은 단순하고 깔끔해야 합니다.
- 정기적으로 먼저 버려야 할 것과 필요한 것을 구분합니다.
- 오래 방치되고 쌓인 물건들 중에서 버릴 것은 과감하게 버립니다.
- 나머지 필요한 물건만 찾기 쉽게 종류별로 모아 보관합니다.
- 자주 쓰는 학용품(펜과 풀, 포스트잇, 가위 등)은 가까운 곳에

둡니다.

- 책상과 벽면에 붙여 놓은 산만한 부착물은 떼어 냅니다.

- 침대는 책상 뒤쪽에 놓는 것이 좋습니다. 공부가 안 될 때 침대가 보이면 눕고 싶은 유혹에 빠지기 쉽습니다.

- 조명 상태도 중요합니다. 눈에 편안한 밝은 조명이 좋습니다.

- 게임기는 눈에 보이면 하고 싶어지므로 서랍 안에 보관합니다.

- 컴퓨터는 용도에 맞는 장소에 놓습니다. 인터넷 강의를 위한 학습용이면 공부방에, 아니면 거실이나 안방으로 옮겨 놓아야 합니다.

수능시험과 중간고사를 앞두고 공부를 하기 위해 공연장을 찾는 사람은 없습니다. 공연장은 최고의 음악과 공연을 보여 주기 최적의 조건을 갖춘 곳입니다. 필요한 장소에 적합한 조명과 스피커가 설치되고 현수막이 붙고 의자가 배치됩니다. 대부분의 시간을 보내는 방과 교실이 공연을 위한 장소인지 학습과 휴식을 위한 장소인지 생각해 본다면 우리가 왜 정리 정돈을 해야 하는지를 쉽게 알 수 있을 것입니다.

셋째, 최상의 컨디션을 유지해야 합니다. 환경과 함께 집중에 영향을 미치는 요소는 심신의 상태, 즉 컨디션입니다. 아무리 좋은 환경에 있어도 몸이 피곤하거나 정신이 지쳐 있다면 집중력을 발휘하기 어렵습니다.

나는 어릴 때부터 편두통이 있었습니다. 편두통이 생기면 아무 일에도 집중할 수가 없었습니다. 심지어 시험 기간에도 두통으로 책을 읽을 수 없어서 오랫동안 조용한 곳에 누워 있어야 했습니다.

결정적인 순간에 집중력을 발휘하려면 평소에 건강 관리를 잘해야 합니다. 두통뿐 아니라 다치거나 잠이 부족해 졸리거나 피로를 느끼면 어떤 일에도 집중하기가 어렵습니다. 극도의 스트레스를 받거나 불안할 때에도 집중하기가 어려워집니다. 집중하는 데 들어가야 할 에너지가 엉뚱한 곳에 소모되기 때문입니다. 최상의 컨디션은 집중력을 극대화하는 데 필수적인 요소입니다.

그렇다면 어떻게 최상의 컨디션을 유지할 수 있을까요?

먼저 심신의 피로를 풀어야 합니다. 피로를 풀기 위해서는 무엇보다 규칙적인 수면이 필요합니다.

많은 학생들이 공부하느라 늦게 잠자리에 드는 경우가 많습니다. 그러나 정해진 일정대로 최대한 규칙성을 유지하는 것이 중요합니다. 특히 주말이나 방학 때 게임이나 놀이를 지나치게 하면 규칙적인 수면 리듬이 깨지고 그 후유증으로 학업에 집중하는 데 방해가 됩니다.

아침 식사를 거르지 않고, 평소 인스턴트 식품이나 패스트푸드가 아닌 건강에 유익한 음식을 먹는 것이 최상의 컨디션을 유지하는 데 중요합니다. 또한 평상시에 스트레칭을 통해 긴장된 근육을 풀어 주는 것도 큰 도움이 됩니다.

스트레스는 건전한 활동으로 해소하는 것이 가장 효과적입니다. 운동이나 요가, 명상 등 생산적인 활동은 면역력을 강화하고 최상의 컨디션을 유지하는 데 큰 도움을 줍니다.

매일 최상의 컨디션을 유지하는 요령

- 규칙적인 수면 시간을 유지합니다.

- 스트레칭과 체조로 긴장된 근육을 풀어 줍니다.

- 가볍고 꾸준한 운동으로 스트레스를 해소합니다.

- 아침 식사를 거르지 않습니다.

- 적당한 휴식 시간을 갖습니다.

Think again
실천을
점검하라

자신감을 쌓으면서 중요한 목표에 집중하면 실천력을 높일 수 있습니다. 그런데 실천력을 유지하고 향상시키려면 지속적인 노력이 필요합니다. 계속적으로 실천력을 높이는 좋은 방법은 실행을 점검하는 것입니다. 점검은 실천력을 지속시키고 강화시키는 역할을 합니다.

실천의 핵심

왜 실천력을 키우는 데 점검이 필요할까요?

우리는 점검을 통해 실천의 방향을 확인할 수 있습니다. 실천 자체가 중요한 것이 아닙니다. 잘못된 실천은 바람직하지 못한 결과를 초래하기도 합니다. 따라서 실천은 우리의 중요한 목표에 부합해야 하며 무엇보다 유익한 목표와 관련되어야 합니다. 아무리 의지가 앞서도 올바른 방향에서 벗어난 실천이라면 하지 않는 편이 낫습니다. 그렇기 때문에 실천에 대한 점검은 현재 실천의 방향이 올바른지를 보여 주는 나침반과 같습니다.

빠른 시간에 많은 일을 실천하는 것이 전부는 아닙니다. 핵심은 얼마나 효과적인 실천에 집중하는가 하는 것입니다. 그러므로 실천을 점검하는 일은 매우 중요합니다. 점검은 실천력을 더욱 강화하고 실천의 방향을 확인하여 에너지와 시간이 엉뚱한 방향으로 낭비되는 것을 막아 줍니다.

그렇다면 우리의 실천력을 높여 주는 점검의 방법에는 어떤 것들이 있을까요?

첫째, 우리가 실천하는 것에 대해 스스로에게 질문하고 성찰하고 점검할 수 있습니다. 이는 자신의 실천이 올바른 방향으로 이루어지고 있는지 점검하는(think again) 것을 의미합니다.

- 나는 무엇을 하고 있는가?
- 내가 하고 있는 일은 중요한 목표와 연관되어 있는가?
- 두려워하거나 미루는 것은 없는가?
- 나는 왜 실패를 두려워하는가?
- 나는 이 일을 통해 무엇을 기대하는가?
- 나는 하고 있는 일에 충분히 집중했는가?
- 나의 집중을 방해하고 있는 것은 무엇인가?
- 내가 이 실행을 통해 얻고자 하는 것은 무엇인가?
- 어떻게 하면 더 효과적으로 실행할 수 있을까?

사람들은 관성의 법칙에 따라 한번 시작한 일은 계속 하려는 경향이 있습니다. 중간에 멈추고 싶어 하지 않습니다. 때로는 잘

못된 방향으로 가고 있다는 것을 알면서도 다시 시작해야 한다는 부담감 때문에 잘못된 방향으로 계속 나아가기도 합니다.

우리는 앞서 말한 성찰을 위한 질문들을 통해 실행 도중에 정기적으로 자신의 실행 방향을 확인해야 합니다. 만약 지금 내가 하는 실행이 애초 설정한 방향과 맞지 않고 잘못된 방향으로 이루어지고 있다면 처음부터 다시 시작하더라도 방향을 바꾸어야 합니다.

조용한 곳에서 진지하게 성찰하고 앞의 질문들에 대해 솔직하게 대답해 보십시오. 지금은 다소 시간이 걸리더라도 성찰의 질문을 통해 다시 생각하는 것은 장기적으로 볼 때 오히려 시간을 아끼는 길입니다.

둘째, 일기를 쓰거나 플래너를 활용합니다. 이러한 점검 방법이 효과를 나타내려면 의지와 노력이 필요합니다. 일기를 쓰는 것은 내면의 성찰에 도움을 줍니다. 일기는 자신을 가장 잘 보여 주는 거울입니다. 일기를 쓰면 자신의 중요한 가치와 솔직한 자아를 만날 수 있습니다. 자신의 내면을 성찰하면 새로운 결단을 할 수 있는 힘이 생깁니다. 결단은 긍정적인 마음과 행동을 선택하고 부정적인 의식과 행동을 버리는 것입니다. 일기를 통해 자신의 현재 모습과 나아가고자 하는 방향을 볼 수 있을 때 우리는 결단할 수 있습니다.

일기를 쓰는 것은 개인의 역사를 기록하고 관리하는 일입니다. 모든 역사는 반복된다는 점에서 일기를 통해 개인의 역사를 돌아보고 관리할 수 있습니다. 과거의 경험을 바탕으로 결정적인 순간에 최선의 실행 방안을 선택하는 지혜를 얻을 수 있습니다.

그러므로 실천력을 높이기 위한 점검의 방법으로 일기를 쓰는 것이 도움이 됩니다. 이를 통해 내면의 자아를 만나고, 개인의 역사를 기록하고 관리하여 실천력을 높일 수 있습니다.

플래너는 일기와 함께 실천의 방향을 잡아 주는 나침반 역할을 합니다. 플래너를 사용하면서 얻을 수 있는 가장 큰 장점은 중요한 목표와 진행 상황을 일기보다 더 구체적이고 실제적으로 점검할 수 있다는 것입니다. 우리는 계획했던 실천 리스트의 실천 여부를 플래너를 통해 확인할 수 있습니다. 이를 통해 실천의 형식을 알 수 있습니다. 만약 플래너에서 반복적으로 하지 못하는 일들을 발견했다면 그 원인을 찾아야 합니다. 그런 후 새로운 방법으로 다시 실행해야 합니다. 즉, 일기를 쓰거나 플래너를 활용하면 성찰 없는 잘못된 실천과 무실천의 반복을 막고 올바른 실행력을 키울 수 있습니다.

셋째, 주위 사람에게 도움을 구합니다. 주위 사람을 통해 실천을 점검받을 수 있습니다. 자기 혼자만 생각하고 실천에 옮기기보다는 여러 사람에게 실천할 것을 약속하고 행동하면 실천력이 높아집니다. 또한 자신이 한 실천의 결과에 대해 다른 사람에게 점검을 받으면 건강한 '오기'가 발동하여 실천력을 높일 수 있습니다.

욕심이 앞선 무리한 약속은 실패의 지름길

실천할 일이 있으면 부모님이나 친구에게 실천하겠다는 약속을 합니다. 늘어나는 체중이 고민이라면 오늘부터 저녁 9시 이후에는 음식을 먹지 않겠다고 선포하는 것도 좋습니다. 규칙적인 생활을 실천하려고 한다면 오늘부터 아침에 혼자 힘으로 일어나겠다고 가족들에게 선언할 수도 있습니다. 무언가를 실천하고자 하는 의지가 있다면 주위 사람에게 도움을 청하고 실천에 대한 점검을 받아야 합니다.

정말 중요하고 반드시 해야만 하는 일이라면 긴장감을 높이기 위해 실천 약속을 지키지 못할 경우 그에 상응한 대가를 치르겠다고 말할 수도 있습니다. 집에서 엄마 대신 설거지를 하거나 친구들에게 간식을 사 주는 것도 좋은 방법이지요. 주위 사람에게 점검과 지원을 받는 것은 우리의 실천 지수를 높일 수 있는 방법입니다.

단, 주위 사람에게 실천하겠다는 약속을 할 때는 한 가지 전제가 따릅니다. 실천 가능성이 있는 일을 약속해야 한다는 것입니다. 처음부터 지킬 수 없는 약속을 해서는 안 되며 일단 약속한 것은 반드시 지켜아 합니다. 약속을 헤도 지킬 수 없는 일들이 있습니다. 그 범위는 우리 자신이 잘 알고 있습니다. 욕심이 앞선 무리한 약속은 실패를 낳고 실패는 자신감을 잃게 만듭니다. 자신감이 없어지면 두려움이 생겨나고, 두려움은 실행력에 가장 큰 장애가 됩니다.

실천력을 높여 주는 비밀, ACT 법칙

Step 1. Achieve, 자신감을 쌓아라

– 자신감은 실행력의 씨앗이다.

1. 할 수 있는 작은 일부터 도전하자.

2. 실패를 두려워하지 말자.

3. 구체적이고 현실적인 목표를 세우자.

Step 2. Concentrate, 집중하라

– 플러스 집중력을 극대화하라.

1. 집중을 연습하고 훈련하자.

2. 집중할 수 있는 환경을 만들자.

3. 최상의 컨디션을 유지하자.

Step 3. Think again, 실행을 점검하라

1. 실행에 대해 성찰 질문을 해 보자.

2. 일기와 플래너를 활용하자.

3. 주위 사람에게 도움을 구하자.

중암중학교 3학년 이용석

- 좀처럼 연락이 되지 않는다(공부를 하거나 집중하는 시간에는 휴대전화를 꺼 놓는다).

- 마음먹은 일은 끝까지 해낸다. 자제력이 뛰어나다.

- 한 분야에서 세계 최고의 권위자가 되고 싶어 한다.

이용석 학생을 생각하면 떠오르는 수식어들입니다. 무한한 시간이 주어진다면 다양한 경험을 통해 진정한 자아를 찾고 싶다는 이 학생의 시간 관리 비밀은 무엇일까요?

시간 관리의 필요성을 인식하다

나는 초등학교 때 공부는 하지 않고 놀기만 했습니다. 필요성을 느끼지 못했기 때문에 시간을 효율적으로 관리하지도 않았습니다.

계획을 짜서 공부를 하기 시작한 것은 중학교에 입학하고부터였습니다. 그러나 계획을 지키는 것은 결코 쉽지 않았습니다. 할 일이 있어도 방과 후에 친구들과 축구를 하고 '오늘 못하면 내일 하면 되지.'라는 생각에 그냥 잠자리에 들기 일쑤였습니다. 그러다 보니 그날 세운 계획을 실천하기는커녕 숙제조차도 하지 못할 때가 많았습니다. 처음에는 대수롭지 않게 생각했지만 그런 일이 반복되다 보니 '아, 이건 아니구나!'라는 생각이 들었고, 본격적으로 시간 관리에 관심을 갖게 되었습니다.

자제력을 키워 전교 1등이 되다

내가 가장 힘들었던 점은 하고 싶은 일을 참고 해야 할 일을 하는 것이었습니다. 중학교 1학년 때 친구들과 축구를 하다가 학원 버스를 놓친 적이 있습니다. 이 일로 학원에도 늦고 부모님께도 야단을 많이 맞았습니다. 그때부터 저는 자제력을 키우려고 노력하기 시작했습니다.

내가 권하고 싶은 방법은 "일단 한번 참아 보라."는 것입니다. 무엇이든 첫 걸음을 떼기가 어렵다고 하는데 자제력도 마찬가지입니다. 처음에는 참기가 무척 힘들지만 일단 참고 나면 마음이 뿌듯하고 기분도 좋아져서 다음에는 훨씬 더 쉬워지고 자신감도 생기게 마련입니다.

자제하기가 힘들다면 자제해야 할 요인을 먼저 없애 보기 바랍니다. 예를 들어 나는 휴대전화의 유혹을 물리치려고 시험 기간에는 아예 휴대전화를 끄고 부모님께 반납합니다. 방해 요인인 텔레비전과 컴퓨터를 치워 버리는 것도 좋은 방법이 될 수 있습니다.

시간 관리를 하다 보니 숙제를 해 가게 되었고, 선생님께 좋은 인상을 남기게 되었습니다. 그러자 공부에 점점 더 흥미가 붙어 공부 시간을 늘려 나가면서 결국 전교 1등도 할 수 있었습니다. 예전에는 상상도 할 수 없는 일이었지만 모두 효과적인 시간 관리의 결과라고 생각합니다. 지금 하는 시간 관리에도 만족하지만 앞으로는 더 작은 일에도 자제하여 구체적인 시간도 관리할 계획입니다.

숲을 보는 시간 관리 : 달력을 활용하다

나는 달력으로 시간 계획을 세웁니다. 달력에 '언제까지 무엇 하기' 식으로 계획을 짭니다. 달력에는 노트 정리, 문제집 풀기 같은 큰 목표를 세우고 수첩에는 숙제나 작은 일들을 적은 다음 그날그날 실행합니다. 이렇게 하면 우선 계획을 변경하기가 쉬워집니다. 매일 할 일을 계획만 하고 하루나 이틀간 지키지 못하면 수습하기가 힘들어집니다. 이렇게 기간별로 큰 계획을 세우면 남은 날 동안 수습할 수도 있고 다른 날로 변경하기도 쉬워져 전체적인 시간 관리가 가능해집니다.

달력은 한 해의 일정이 한눈에 들어오기 때문에 시간 관리가 쉽습니다. 예를 들어 학교 시험 날짜를 확인하면서 시험 대비 기간에 맞추어 할 일을 계획할 수도 있고, 가족과 여행하기로 한 날, 공휴일 등을 확인해 활용할 수도 있습니다. 계획표에 표시된 내용들은 그다지 일정이 빡빡하지 않아 심리적으로 부담감이 덜합니다.

시험 기간에는 계획을 자세하게 작성합니다. 이때는 그날그날 할 일까지 모두 기록합니다. 하나라도 빼먹거나 어영부영 보내는 시간을 줄이기 위해서입니다. 나는 일단 목표를 세우면 그것을 달성하기 위해 열심히 노력하는 편이기 때문에 시간 계획을 세워 놓으면 공부를 더 잘할 수 있었습니다. '무엇을 해야 하나?' 하고 고민할 필요가 없어서 심리적인 부담도 줄어들었습니다.

비전맵 작성의 Q & A

'비전맵 작성법 3단계'에 따라 자신의 비전맵을 작성할 때에 도움이 될 만한 Q&A를 정리해 보았습니다. 다음은 비전맵 작성에 대한 워크숍을 진행할 때 학생들이 자주 묻는 질문과 그에 대한 답변입니다.

Q : 마음은 있는데 비전맵을 시작하기가 어려워요. 어떡해요?

A : 편안하게 시작하세요. 처음 하는 일은 누구나 서툴기 마련입니다. 비전맵을 작성하려면 자신에 대해 잘 알아야 합니다. 하지만 자신이 어떤 존재이며 무엇을 원하는지 아는 것은 오랜 시간의 노력과 용기가 필요한 일입니다. 그런데도 비전맵 작성을 권하는 까닭은 비전을 발견하고 자신에 대해 온전히 알아 가는 것이야말로 가장 고귀한 성취이기 때문입니다. 10대인 여러분들은 이제 막 자신을 알아 가는 과정에 접어든 것입니다. 앞으로 수정하고 업데이트할 기회는 계속 있을 터이니 주저하지 말고 과감히 시작해 보세요.

Q : 〈비전맵 작성법 3단계〉를 읽어도 어떻게 작성해야 할지 감이 안 잡혀요.

A : 비전맵 작성의 구체적인 지침 네 가지를 설명하겠습니다. 자신에게 동기부여가 되고 비전을 이루기 위한 실천 의지가 생겼다면 어떠한 방식이든 자유롭게 비전맵을 작성해도 괜찮습니다. 다음의 내용을 참고하되 여러분의 창의력을 한껏 발휘하시면 됩니다.

① 직업에 대한 비전이 명확할 경우는 5W 1H 질문을 통해 자신의 비전에 대한 그림을 구체화시켜 나갈 수 있습니다. (현경이의 비전맵 참고)

what – 나의 비전은 무엇인가?

why – 왜 나는 이러한 비전을 갖게 되었는가?

where – 나의 비전이 이뤄질 곳은 어디이며, 나는 그곳에서 어떤 모습을 하고 있을까?

who – 비전을 이루는 데 도움이 되는 사람들은 누구이며, 나는 누구에게 도움을 주고자 하는가?

when – 꿈을 이룬 가장 찬란한 미래는 언제이며, 어떤 모습인가?

how – 어떻게 나의 비전을 이룰 것인가?

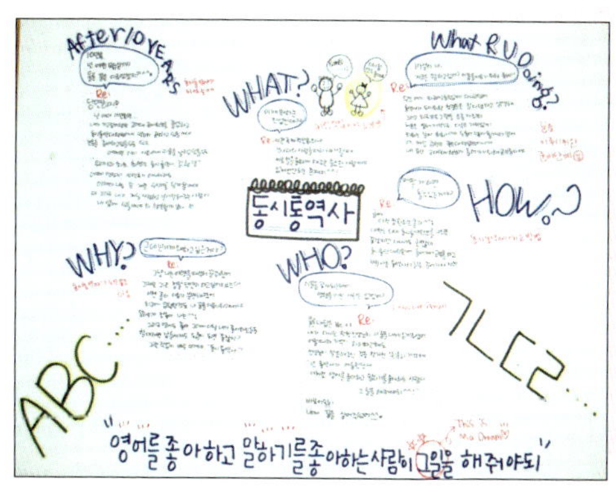

현경이의 〈비전맵〉

② 직업에 대한 비전이 불명확한 경우는 인생 전반에 대한 비전맵을 작성할 수
도 있겠지요. 현재부터 5년 또는 10년 주기로 이루고자 하는 비전의 목록
을 정하고 분류한 뒤, 이미지 등을 사용하여 비전맵을 작성해 보세요. 내가
하고 싶은 것, 배우고 싶은 것, 갖고 싶은 것, 가고 싶은 곳, 나누고 싶은 것
등에 대하여 작성해 보는 겁니다. 민지의 비전맵처럼 10대, 20대, 30대 등
연령대 별로 하고 싶은 일을 작성할 수도 있습니다.

민지의 〈비전맵〉

③ 역할별로 구분하여 비전맵을 작성할 수도 있습니다. 누구에게나 여러 가
지의 역할이 있습니다. 학생으로서, 자녀로서, 형제로서, 친구로서 자신
이 추구하는 멋진 비전을 상상한 뒤에 이미지나 구체적인 서술로 비전맵
을 작성하시면 됩니다.

④ 자신이 꿈꾸는 직업을 이미 갖게 된 것처럼 비전맵을 작성할 수도 있겠지
요. 기자가 꿈인 학생들은 기사 형식으로 자신의 비전맵을 작성하고, 만화
가가 꿈인 학생은 자신의 멋진 미래를 네 컷 만화로 꾸미는 경우가 이에
해당합니다. 영화배우나 감독을 꿈꾸는 학생이라면 규원이가 만든 필름
형식의 비전맵에서 아이디어를 얻는 것은 어떨까요?

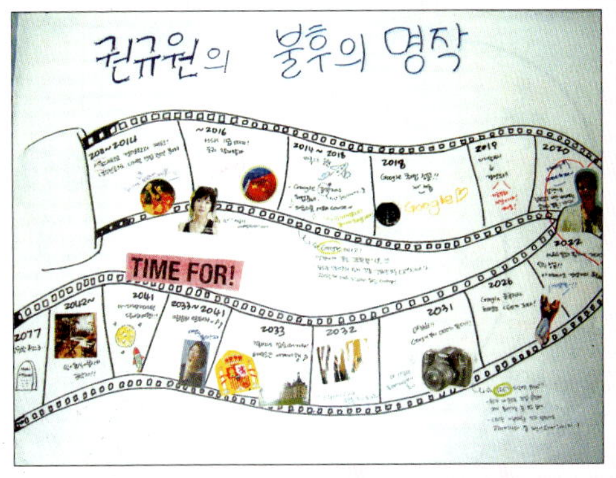

규원이의 〈비전맵〉

이 모든 지침들은 비전맵을 처음 작성하는 친구들을 위한 참고사항일 뿐
정해진 답은 없습니다. 비전맵은 똑같은 기성품이 아니라 세상에 하나뿐
인 나만의 수제품입니다. 지신민의 소원을 남아 고유하고 창의적인 비전
맵을 만드시기 바랍니다.

Q : 비전맵 작성의 2단계까지는 했는데, 3단계가 어려워요. 비전을 이루는 데 도움이 될 만한 행동 목표가 무엇인지 모르겠어요.

A : 행동 목표를 적는 것에 어려움을 느낀다면 아직 그 비전에 대해 잘 알지 못하기 때문입니다. 자신의 꿈이 CEO인데, CEO가 어떤 직업인지 잘 알지 못한다면 무엇을 해야 하는지도 알지 못하는 것입니다. 이런 경우에는 비전에 대하여 조사하고 책을 읽어야 합니다. 혹은 이미 비전을 이루어 자신이 꿈꾸는 삶을 살고 있는 인생의 선배들을 직접 만나 볼 수도 있습니다.

대원외국어고등학교에 다니는 준혁이의 꿈은 외교관입니다. 준혁이는 아래와 같은 비전맵을 작성하며 비전의 실현을 위해 '외교부 장관 보좌관님과의 인터뷰'라는 대담한 목표를 세웠습니다.

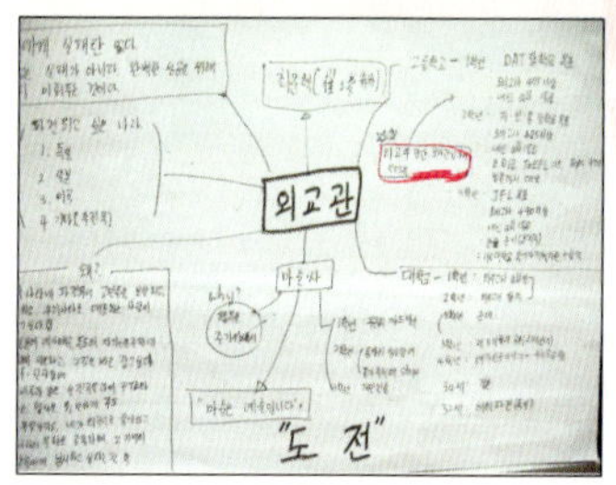

준혁이의 〈비전맵〉과 외교부 장관 보좌관님과 외교통상부에서 함께 찍은 사진

6개월 후, 실제로 보좌관님을 만나 인터뷰를 했고, 우리에게 사진 한 장을 보내 주었습니다. 또한 준혁이는 2009년 2월 서울대학교 사범대학교에 합격했다는 반가운 소식까지 전해 주었습니다.

Q : 비전맵을 만드는 데 도움이 되는 자료는 없나요?

A : 청소년의 비전은 진로와 밀접한 관계를 가지고 있습니다. 다음과 같은 진로 결정에 도움을 주는 사이트에서 관심 있는 직업에 대해 좀 더 자세히 조사할 수 있으며, 필요한 능력과 구체적인 준비 방법, 전망에 대한 정보를 얻을 수 있습니다.

* 청소년워크넷 (youth.work.go.kr)

* 한국직업능력개발원 커리어넷 (www.careernet.re.kr)

* 한국청소년상담원 (www.kyci.or.kr)

* 청소년진로진학상담실 (www.myway.or.kr)

Q : 온라인 무료 적성검사를 했더니 직업군이 너무 다양하게 나와요. 고민의 폭이 좁혀지지 않습니다. 정확한 진단을 받고 싶어요.

A : 재능이나 좋아하는 분야마다 다양한 직업군이 있습니다. 예를 들어, 대인관계 지능이 높게 나왔다면 정치가, 외교관, 종교지도자, CEO, 영업, 홍보, 상담전문의, 협상가 등 다양한 직업군이 나올 수 있습니다. 그러므로 적성검사나 진단을 통해 한두 개의 직업만 추천받을 것이라고 기대해

서는 안 됩니다. 적성과 진로는 누가 정해 주는 것이 아니라, 스스로의 성찰을 통해 알아 가는 것입니다. 스스로가 자신을 잘 파악하고 주변 분들로부터 객관적인 의견을 듣고 진로를 결정해야 합니다. 다음과 같은 여러 가지 활동은 자신을 알아가고 진로를 결정하는 데 도움이 됩니다. 휴일이나 방학 등 여유 시간을 이용하여 진로 탐색의 아홉 가지 Tip을 실천해 보기를 권합니다.

1) 진학을 희망하는 대학에 부모님이나 친구와 함께 가서 듣고 싶은 전공 과목을 청강한 뒤 대학 선배 또는 교수님과 상담하기.

2) 진로 상담 전문가에게 코칭을 받거나 교육에 참가하기.

3) 일주일 동안 한 권의 책을 읽은 뒤에 소감문을 작성하고, 독서 계획을 세워 보기.

4) 비전맵을 방 벽에 붙여 계속 업데이트해 나가기.

5) 아르바이트나 인턴십을 통해 직업을 경험해 보기.

6) 관심 있는 직업에 종사하는 분을 만나 인터뷰하기.

7) 관심 있는 전공과 직업을 조사해 리스트 만들기.

8) 나의 성향, 장·단점, 재능, 중요한 가치를 자세히 적어 보기.

9) 꿈의 목록을 100가지 적어 보기.

Q : 인터뷰를 하고 싶은데 어떻게 해야 하는지 모르겠어요.

A : 먼저 어떤 분야의 사람들을 만날 것인지를 정해야 합니다. 비전맵을 작

성하면서 누군가의 인터뷰가 필요하다는 생각이 들면 부모님이나 선생님, 혹은 선배나 친구들에게 소개해 줄 사람이 없는지 물어보세요. 자신의 비전에 도움이 될 만한 사람을 소개시켜 달라고 부탁하는 겁니다. 추천받지 못했다면 직접 관련 책을 읽거나 인터넷을 검색하면서 만나고 싶은 사람을 찾아보기 바랍니다. 만나고 싶은 분을 찾았다면 메일을 보내거나 연락을 드리세요. 이때, 예와 정성을 다해야 합니다. 예를 다하는 것은 정중하고 친절하게 자신을 소개하고 질문을 드리는 태도를 말합니다. 정성을 다하는 것은 사전에 인터뷰 준비를 철저하게 하는 것을 의미합니다. 인터뷰 허락을 받았다면 다음의 인터뷰 조언에 따라 정성껏 준비하시기 바랍니다.

[*아래 여덟 개의 항목은 청소년진로진학상담실(www.myway.or.kr)에서 얻은 자료입니다.]

1) 인터뷰를 요청한 것은 '나'라는 사실을 기억합시다.

2) 준비를 많이 해 가서 간결하게 질문하도록 합시다. 그래야 상대방의 시간을 낭비하지 않습니다.

3) 질문한 것 외에, 상대방이 자유롭게 의견을 말할 수 있도록 합니다.

4) 자신에 대해서 알릴 수 있도록 30초 정도의 스피치를 준비해 갑시다. 어떤 분야에 관심이 있는지, 어떤 특성을 지니고 있는지 상대방에게 말하게 될 기회가 생길 것입니다.

5) 노트나 노트북 등을 준비해 가서 인터뷰 내용을 받아 적습니다.

6) 근무 환경을 구경한 적이 없다면, 투어를 시켜 달라고 부탁해 봅니다.

7) 인터뷰 후에, 더 많은 자료를 참고하여 노트에 덧붙여 나가면 좋습니다.

8) 인터뷰 후에 되도록 빠른 시일 내로 반드시 감사 메일을 보내도록 합니다.

Q : 비전맵을 만든 뒤 어떻게 활용해야 하나요?

A : 눈에 자주 띄는 곳에 비전맵을 붙여 두세요. 가족들에게 공개하는 것이 좋습니다. 비전을 공개한다는 것은 주위 사람들에게 나의 비전을 선언하는 것입니다. 비전을 공개하면 자기 말에 대한 책임감이 생겨나고 지키고자 하는 욕구를 불러일으킵니다. 친구와 비전을 공유하면 좀 더 친밀한 관계를 만들어 갈 수 있습니다. 비전을 공유할 만한 친구와 자주 이야기를 나누세요. 그러한 대화는 비전에 대해 생각할 수 있는 계기가 되어 비전으로 다가서는 데 도움이 되기 때문입니다.

비전맵을 잘 보이는 곳에 붙여 두는 이유는 자신의 일상생활을 비전과 연결시키기 위한 것입니다. 비전맵은 꿈을 이루고 세상에 기여하기 위한 것이지 그것을 쳐다보면서 잠시 좋은 기분을 느끼기 위함이 아닙니다. 비전을 이루기 위해서는 비전맵에 작성한 행동 목표들을 더욱 구체적인 단기 목표, 일일 계획으로 전환하여 플래너에 기록해야 합니다.

Q : 비전이 바뀌면 어떡해요?

A : 이것은 전혀 염려할 일이 아닙니다. 자신에 대하여 새롭게 알게 될 때마다 비전이 바뀔 수 있으니까요. 비전맵은 새로운 정보를 얻었을 때나, 자신에 대한 지식이 생길 때마다 업데이트해야 합니다. 이 책의 4부를 쓴 주정미 선생님은 비전맵의 업데이트를 내비게이션에 빗대어 설명하셨어요. 훌륭한 내비게이션이 있다면 초행길도 거침없이 갈 수 있습니다. 내비게이션이 일러 준 대로 나아가면 원하는 목적지에 도달할 수 있습니다. 하지만 자신의 내비게이션이 오래된 제품이라면 제대로 길을 찾을 수가 없습니다. 신도시들이 많아지고 없던 길도 새로 생기고 있던 건물이 사라졌는데 10년 전의 내비게이션을 무작정 따르는 것은 효과적이지 않습니다. 마찬가지로 비전맵은 목적지에 도착하기 전까지 지속적으로 업데이트해야 합니다. 작성 당시에 알지 못했던 새로운 길이 있다면 추가하고, 불필요한 경로가 있다면 과감히 삭제할 수 있습니다. 비전에 대한 큰 그림은 유지하면서도 올바르고 효과적인 경로를 추가해야 합니다. 충실히 업그레이드된 비전맵은 비전으로 향하는 시간을 더욱 단축시켜 줄 것입니다.

청소년을 위한 시크릿_시간 관리편

| 펴낸날 | 초판 1쇄 2009년 6월 30일 |
| | 초판 18쇄 2012년 6월 4일 |

지은이　이희석 외
펴낸이　심만수
펴낸곳　(주)살림출판사
출판등록　1989년 11월 1일 제9-210호

경기도 파주시 문발동 522-1
전화　031)955-1350　　팩스　031)955-1355
기획 · 편집　031)955-4666
http://www.sallimbooks.com
book@sallimbooks.com

ISBN　978-89-522-1192-7　　03320

※ 값은 뒤표지에 있습니다.
※ 잘못 만들어진 책은 구입하신 서점에서 바꾸어 드립니다.